Josef F. Justen

Den Toten vorlesen

—

Leben in der Gemeinschaft mit unseren Verstorbenen

Bibliografische Information der Deutschen Nationalbibliothek:
Die Deutsche Nationalbibliothek verzeichnet diese Publikation
in der Deutschen Nationalbibliografie; detaillierte bibliografische
Daten sind im Internet über dnb.dnb.de abrufbar.

Titelfoto: © Fotos auf pixabay

Verlag: BoD · Books on Demand GmbH, In de
Tarpen 42, 22848 Norderstedt

Druck: Libri Plureos GmbH, Friedensallee 273,
22763 Hamburg

ISBN: 978-3-7693-1209-6

Sie wissen ja alle, dass derjenige, der fest drinnensteht im Erfassen der geisteswissenschaftlichen Impulse, versuchen kann, mit denjenigen in Verbindung zu bleiben, die hingegangen sind durch die Pforte des Todes. Und an den Gedanken der Geisteswissenschaft, an den Ideen, die wir uns bilden über die Vorgänge in den geistigen Welten, haben wir solche Gedanken, die uns Erdenmenschen verständlich sind, die aber auch den toten Seelen verständlich sind.

Und daraus ergibt sich dasjenige, was wir nennen: Vorlesen den Toten.

Wenn wir gerade über Materien der Geisteswissenschaft im Gedanken an die Toten vorlesen, dann ist das ein wirkliches Gemeinschaftsleben mit den Toten. Denn die Geisteswissenschaft spricht eine Sprache, die den lebenden und den toten Seelen gemeinschaftlich ist. Aber es handelt sich darum, immer mehr und mehr gerade mit dem Gefühlsleben, mit dem durchleuchteten Gefühlsleben an diese Dinge heranzukommen.

Rudolf Steiner[1]

Inhaltsverzeichnis

Vorwort

W enn jemand, der sich bisher noch gar nicht mit der anthroposophisch orientierten Geisteswissenschaft Rudolf Steiners beschäftigt hat, den Titel dieses Buches oder seine oben angeführte Aussage liest, wird er im günstigsten Fall den Kopf schütteln und den Inhalt des Buches für einen Unsinn oder einen schlechten Scherz halten.

Jemand, der sich schon seit geraumer Zeit mit der Anthroposophie befasst, wird sehr wohl wissen, was mit dem Titel gemeint ist. Schließlich hat Rudolf Steiner in zahlreichen Vorträgen das Vorlesen für die Verstorbenen thematisiert. Besonders ausführlich hat er darüber in seinem Vortragszyklus *»Okkulte Untersuchungen über das Leben zwischen Tod und neuer Geburt«* (GA 140), den er in den Jahren 1912 und 1913 in verschiedenen Städten hielt, gesprochen. Aber auch in vielen anderen Vorträgen hat er dieses Thema immer wieder aufgegriffen.

Wenngleich *jeder* spirituell Gesinnte dieses Büchlein mit Gewinn lesen kann, so wendet es sich doch in erster Linie an Leser, die sich schon mehr oder weniger intensiv mit der Anthroposophie beschäftigt haben.

Ein solcher Leser weiß um die großen Stationen, die ein sogenannter ›Toter‹ in der langen Zeit zwischen Tod und neuer Geburt in den übersinnlichen Sphären durchläuft.

Er weiß auch, dass es im nachtodlichen Leben für einen Menschen kein Ruhen, Verweilen, Pausieren oder gar Nichtstun gibt. Gemessen an der Vielzahl der Erlebnisse und der Fülle der Tätigkeiten, die der Mensch im Leben zwischen Tod und neuer Geburt zu leisten hat, erscheint das gesamte Erdenleben – selbst wenn dieses äußerst arbeitsreich und mühsam war – fast wie ein langer Urlaub. *»Wer weiß denn, ob das Leben nicht Totsein ist und das Totsein Leben?«*, fragte schon der große griechische Tragödiendichter Euripides. Rudolf Steiner drückte es wie folgt aus:

»Nun, dadurch vervollständigt sich das Bild der geistigen

> Entwickelung der Menschheit, wenn man immer die sogenannten Toten dazunehmen kann, denn sie sind ja eigentlich viel lebendiger als diejenigen, die die sogenannten Lebendigen sind.«[2]

Des Weiteren ist wohl jedem anthroposophisch orientierten Leser bekannt, dass die Seelen unserer Verstorbenen immer in unserer Nähe, gewissermaßen ›um uns herum‹ sind, wenngleich das meistens nicht unsere Bewusstseinsschwelle überschreitet. Es gehört zu den schmerzlichsten Erfahrungen, die ein Verstorbener machen kann, wenn er erkennen muss, dass seine Hinterbliebenen nicht mehr ganz real und konkret mit seiner Existenz rechnen und keinerlei Verbindung zu ihm aufnehmen.

Nun gibt es verschiedene Möglichkeiten, auf welche Art wir eine Verbindung, eine ganz konkrete Beziehung zu unseren Dahingeschiedenen pflegen können. Dazu gehört in ganz besonderer Weise, dass wir ihnen etwas aus geisteswissenschaftlichen Büchern vorlesen.

Wie förderlich und segensreich dieses Vorlesen für die Sphärenmenschen ist, schilderte Rudolf Steiner in etlichen Vorträgen. Er zeigte dazu einen ganz konkreten methodischen Weg auf, der für jeden gangbar ist. Mit dieser aus freiem Willen und Liebe erbrachten Tat kann es zu einer ganz realen und konkreten Verbindung zwischen Lebenden und Verstorbenen kommen, durch die der Abgrund, der die verkörperten Menschen von den entkörperten zu trennen *scheint*, überwunden werden kann. Es kann mit dazu beitragen, eine Brücke zwischen den Lebenden und den sogenannten Toten zu bauen, wodurch es zu einer ganz realen Gemeinschaft zwischen den Menschen, unabhängig davon, in welcher Welt sie gerade weilen, kommen kann.

Dieses Vorlesens bedürfen insbesondere solche Verstorbenen, die es in ihrem Erdendasein versäumt haben, geistige Begriffe und Vorstellungen aufzunehmen, die erforderlich sind, um sich in den übersinnlichen Welten orientieren und zurechtfinden zu können.

Nach unseren Erfahrungen gibt es aber heute viel zu wenig Menschen aus der anthroposophischen Bewegung, die es sich wirklich zur Aufgabe gemacht haben, diesen Rat Steiners zu befolgen, was zum Teil auch daran liegt, dass sie nicht so recht wissen, wie man da vorgehen sollte oder die gar an der Wirksamkeit des Vorlesens Zweifel hegen. Daher haben wir uns entschlossen, dieses Büchlein herauszugeben. In diesem wollen wir über das Vorlesen für die Toten deutlich ausführlicher schreiben als etwa in unseren Büchern *»Die spirituelle Seite des Todes«* oder *»Eine Brücke zwischen Lebenden und Verstorbenen«* (☞ S. 94), in denen dieses Thema nur am Rande behandelt wurde.

In Kapitel 1 wollen wir Antworten auf viele Fragen geben, die sich in diesem Zusammenhang ergeben. Wir werden insbesondere zeigen, warum es für die Menschen, die durch die Pforte des Todes geschritten sind, von unermesslicher Bedeutung ist, dass ihnen vorgelesen wird. In Kapitel 2 werden wir Empfehlungen geben, wie man das Vorlesen ganz konkret zu einem regelmäßigen Ritual gestalten kann. Diese Empfehlungen basieren selbstverständlich auf den zahlreichen diesbezüglichen Aussagen Rudolf Steiners, aber auch auf eigenen Erfahrungen und denen etlicher Mitmenschen. Im abschließenden Kapitel 3 wollen wir zeigen, auf welche andere Art man den Verstorbenen noch geistige ›Nahrung‹ geben kann, derer sie dringend bedürfen.

Anmerkungen:

> »Die zahlreichen in den Text eingebetteten Original-Zitate Rudolf Steiners sind eingerückt und in einer anderen Schriftart gedruckt, um auf den ersten Blick als solche erkannt zu werden.«

»Zitate anderer Persönlichkeiten sind kursiv gedruckt.«

Alle älteren Zitate sind an die heute gültige Rechtschreibung angepasst.

Da dieses Büchlein in erster Linie für Leser gedacht ist, denen die Anthroposophie wenigstens einigermaßen vertraut ist, werden anthroposophische Grundkenntnisse als bekannt vorausgesetzt.

Hinweis:

Wir werden an einigen Stellen dieses Buches Mitteilungen zitieren, die ein gewisser Botho Sigwart August Graf zu Eulenburg, den wir der Kürze wegen immer nur mit seinem Rufnamen »Sigwart« bezeichnen wollen, nach seinem Tod aus der geistigen Welt gegeben hat.

Wer dieser Sigwart war und wie man sich diese geistigen Kundgebungen vorstellen kann, haben wir im Anhang (☞ S. 86ff.) erläutert.

Kapitel 1

Warum und was wir den Toten vorlesen sollten

*B*evor wir im nächsten Kapitel schildern werden, *wie* das Vorlesen für die Verstorbenen *konkret* durchgeführt werden kann, wollen wir in diesem Kapitel zunächst versuchen, grundlegende Fragen zu beantworten, die sich im Hinblick auf das Vorlesen für die Toten ergeben könnten. Vermutlich werden sich die meisten Leser, die sich noch nie mit diesem Thema auseinandergesetzt haben, diese Fragen stellen.

1.1 Warum ist es für die Verstorbenen so wichtig, dass ihnen vorgelesen wird?

*I*n fast allen esoterischen Lehren wird mit großem Nachdruck darauf hingewiesen, dass es zu den Aufgaben eines Menschen gehöre, sich während seines Erdenlebens geistige Erkenntnisse zu erwerben, um nach dem Tod ein Verständnis für alles, was er dann in den höheren Welten wahrnehmen und erfahren kann, gewinnen zu können. Man kann in die übersinnlichen Welten nichts hereintragen, was nicht bereits im Erdenleben angeknüpft wurde. Rudolf Steiner wurde nie müde, auf die Notwendigkeit hinzuweisen, dass wir Menschen uns schon in unserem Erdendasein um gewisse Erkenntnisse sowie richtige Vorstellungen und Begriffe für die übersinnlichen Welten sowie für alles, was dort webt und west, bemühen müssen.

> »Die Sinne, die wir für das Geistige ausgebildet haben, hängen von dem Leben auf dieser Erde ab. Hier reifen wir aus für das Jenseits, hier bereiten wir uns die geistigen Augen und Ohren für das Jenseits.«[1]

Jemandem, der es verschmäht, solche Vorstellungen und Begriffe aufzunehmen, der es ablehnt, solche Erkenntnisse zu erwerben, wie man sie etwa durch das Studium der anthroposophischen Literatur gewinnen kann, wird nach seinem Schwellenübertritt vieles von dem, was sich in den höheren Welten abspielt, unverständlich bleiben müssen. Die geistigen Welten würden ihm weitgehend verhüllt bleiben. Er müsste sein Dasein in einem dämmerhaften Bewusstsein in einer Sphäre fristen, die ihm völlig fremd wäre. Nun sollte keiner sagen: »Was ich (nach dem Tod) nicht weiß, macht mich nicht heiß.« Zum einen kann ein schwaches Bewusstsein nach dem Tod zu grausamen Angstzuständen führen, zum anderen ist es dann nicht möglich oder wenigstens schwierig, sich in den höheren Welten zu orientieren und das nachtodliche Leben – zumindest die ersten Phasen dieses Daseins – in der rechtmäßigen Weise durchlaufen zu können.

> »Es gehört geradezu zu den notwendigen Vorbedingungen eines rechten Lebens nach dem Tode, dass die Menschen immer mehr und mehr hier vor dem Tode gewisse Vorstellungen sich erwerben über das Leben nach dem Tode, denn nur, wenn sie sich erinnern an diese Vorstellungen, die sie sich hier erworben haben, können sie sich orientieren in der Zeit zwischen dem Tod und einer neuen Geburt.«[2]

Sigwart, den wir im Anhang (☞ S. 86ff.) näher vorstellen werden, wies ebenfalls in mehreren Mitteilungen aus den übersinnlichen Welten darauf hin, dass es von unermesslicher Bedeutung sei, dass ein Mensch sich schon im Erdenleben mit spirituellen Themen befasst:

»Ich war auf Erden manchmal traurig darüber, dass es einige von euch so kühl ließ, wenn wir über geistige Dinge sprachen, weil ich so felsenfest an all das glaubte. – Nun, da ich von euch ging, habt ihr erst den wirklichen innerlichen Wunsch zu wissen, was nach dem Tode geschieht, was mit mir vorgeht. Das ist so begreiflich, aber nur zu schade, dass

wir nicht noch auf Erden vielmehr miteinander über all die geistigen Dinge gesprochen haben! Es wäre manchen von euch jetzt nicht so fremd und ferne liegend. Ich fühle, dass wir uns so nahe sind, und das wird stärker, je mehr ihr euch in diese Richtung versenkt. Euer Leben ist noch lang, ihr habt mehr Zeit, euch zu entwickeln, als ich es gehabt habe.

Ich habe mich erst die letzten zwei Jahre vor meinem Tode ganz versenkt in die geistige Welt, und nun kommt mir das alles zugute. Ich bin so dankbar, dass ich damals schon diese Interessen hatte. Was nützt alles Gelehrtentum, wenn der Mensch nicht weiß, was mit ihm nach dem Tode geschieht! – Jetzt würde ich – wenn ich noch auf Erden wäre – lieber auf alles irdische Wissen verzichten, wenn mir das Eine genommen würde: der Glaube an die Zukunft nach dem Tode! – Das ist der Grundgedanke und das einzig Wahre, alles andere ist im Vergleich dazu ein Nichts!«[3]

»Wie leicht wird für euch das Sterben sein, wenn ihr weiter wie in den letzten Monaten geistig strebsam seid. Dann ist alles so einfach. Mich schaudert, wenn ich an Menschen denke, die ohne Glauben von der Erde abgerufen werden. Das ist das Schlimmste.«[4]

»Wüsste die Menschheit, wie unendlich viel der Mensch in seiner Erdenzeit durch Gedanken, die von Gott und der geistigen Welt handeln, sich vervollkommnen, sich vorbereiten und sich vor allem ein gutes Karma schaffen kann, wie würde sie anders sein!«[5]

Dann berichtete Sigwart noch über Deinhard, einen gemeinsamen Freund der Familie, der wenige Tage zuvor über die Schwelle des Todes gegangen war. Dieser hatte sich aufgrund seines Wissens über das nachtodliche Leben, das er sich im Erdendasein erworben hatte, sehr schnell in seiner neuen Daseinssphäre einleben können:

»Es ist etwas Großes, eine so weit entwickelte Wesenheit hier empfangen zu können, der nur noch das intensive, ständig wache Bewusstsein fehlt. Aber sonst ist D. von einer

Regsamkeit, die geradezu unglaublich ist bei einem Men-
schen, der erst vor so kurzer Zeit herüberkam. Ja, das ist
der Segen des Wissens!«[6]

Wie Rudolf Steiner sagte, kann sich ein Verstorbener auch
nur dann zu den geistigen Wesen der drei höheren Hierarchien in das rechte Verhältnis setzen, das erforderlich ist,
um von ihnen die notwendigen Kräfte und Impulse für seine
nächste Inkarnation empfangen zu können, wenn er bereits
während seines Erdendaseins bemüht war, sich ein Verständnis für diese Wesen zu erwerben. Andernfalls wird er
möglicherweise nicht einmal seinen Engel, der schon seit
seiner ersten Inkarnation immer an seiner Seite war, als
solchen erkennen, wenn dieser ihn an der Todespforte in
Empfang nimmt und ihn durch das ganze nachtodliche Leben begleitet, bis er ihn eines fernen Tages wieder in ein
erneutes Erdenleben führen wird.

»Wir müssen sozusagen zwischen dem Tode und der
nächsten Geburt Schritt für Schritt an die entsprechenden Wesenheiten herantreten, die uns bescheren können, uns übergeben können die Kräfte, die wir dann,
wenn wir wieder ins physische Dasein getreten sind, zu
unserem Leben brauchen.

Nun können wir in einer zweifachen Weise in diesem
Leben zwischen Tod und neuer Geburt vor den Wesenheiten der höheren Hierarchien vorübergehen.

Wir können so vor ihnen vorübergehen, dass wir sie
erkennen, dass wir ihre Wesenheit, ihre Charaktereigen-
schaften verstehen, und dass wir entgegennehmen können, was sie uns zu geben vermögen, denn es ist ein
Empfangen dessen von den höheren Hierarchien, was
sie uns geben können, und was wir in dem folgenden
Leben brauchen. Wir müssen in Bezug auf das, was zu
geben ist, in der Lage sein zu verstehen, ja auch nur zu
sehen, wenn uns dies oder jenes gereicht wird, was wir
dann brauchen können.

Denn wir könnten auch so an diesen Wesenheiten vorübergehen, dass uns, bildlich gesprochen, die Hände dieser Wesen der höheren Hierarchien ihre Gaben reichen, die wir auch für unser Leben brauchten, dass wir sie aber nicht nehmen, weil es finster ist, geistig gesprochen, in dieser höheren Welt, durch die wir da durchgehen.

Wir können also mit Verständnis durch diese Welt durchgehen, so dass wir gewahr werden, was uns von jenen Wesenheiten gereicht werden soll, oder wir können auch durch diese Welt mit Unverständnis durchgehen und nicht gewahr werden, was die Wesenheiten uns reichen wollen.

Die Art nun, wie wir durchgehen, welche von den zwei Arten wir für den Durchgang zwischen Tod und neuer Geburt notwendigerweise wählen müssen, das wird vorherbestimmt durch die Nachwirkungen des vorangegangenen letzten und der früheren Erdenleben.

Ein Mensch, der sich in dem letzten Erdenleben stumpf und ablehnend gegenüber allen Gedanken und Ideen verhalten hat, die uns als Aufklärungen über die übersinnliche Welt kommen können, ein solcher Mensch geht durch das Leben zwischen dem Tode und der neuen Geburt wie durch eine Welt von Finsternis hindurch. Denn das Licht, geistig gesprochen, welches wir brauchen, um zu erkennen, wie diese Wesenheiten an uns herantreten, um zu erkennen, welche Gaben wir von den einen oder anderen Wesenheiten zu unserm nächsten Leben empfangen sollen, das Licht des Verständnisses dafür können wir nicht in der übersinnlichen Welt selber erlangen, sondern das müssen wir hier in der physischen Erdenverkörperung erlangen. Wir gehen so durch das übersinnliche Leben bis zur nächsten Geburt, dass wir an allem vorübergehen, nichts erkennen und nirgends die Kräfte in Empfang nehmen, die wir zum nächsten Leben brauchen, wenn wir, durch die Pforte des Todes hindurchgehend, keine Ideen und Begriffe mitbringen, um sie in das spirituelle Leben zu tragen.«[7]

Diese Worte, diese Mahnungen Rudolf Steiners und auch Sigwarts sollten wir in vollstem Ernst berücksichtigen und unser jetziges Erdenleben danach ausrichten.

✳ ✳

Nun könnte jemand fragen, ob ein Verstorbener, der in seinem Erdendasein die notwendigen Erkenntnisse *nicht* erworben hat, das Versäumte im Leben zwischen Tod und neuer Geburt nachholen könne. Könnte der Tote nicht geistige Wesenheiten, namentlich Seelen verstorbener Menschen finden, die ihn belehren könnten?

»Das geht nicht! Zunächst kann man nur Beziehungen haben zu Wesen, mit denen man verbunden war, bevor man durch die Pforte des Todes schritt. Begegnet man einem Geist, den man auf der Erde nicht kannte, so geht man an ihm vorbei. Wenn man hier einem großen Genie begegnet, das die Kleidung trägt eines Fuhrmanns, so erkennt man es auch nicht.

Zu den Wesen, die man hier als Menschen kannte, hat man Beziehungen. Wenn man noch so vielen Wesenheiten begegnete, die einem helfen könnten, aber zu denen man keine Beziehung hat, sie nützten einem nichts.«[8]

»[...] wir können nach dem Tod nicht ohne weiteres Verhältnisse anknüpfen zu Wesenheiten, wenn wir sie nicht hier vor dem Tode angeknüpft haben. Diese Verhältnisse, die hier angeknüpft werden, wirken lange fort.

Das gibt es nicht ohne weiteres, dass eine Seele sich von jenseitigen Seelen sofort unterrichten lassen kann: weil sie keine Beziehungen zu ihnen haben kann.«[9]

Prinzipiell wäre es schon möglich, dass sich ein Verstorbener von einem anderen Sphärenmenschen unterrichten ließe, um sich anschließend besser in sein nachtodliches Leben eingewöhnen und ein Verständnis für das, was er dann wahrnehmen kann, gewinnen zu können. Dazu sind aber zwei Voraussetzungen erforderlich:

Zum einen müsste er mit dieser helfenden Seele schon im gemeinsamen Erdenleben in einer Beziehung gestanden haben, da er sie ansonsten nach dem Tod nicht finden könnte. Auch Sigwart wies in einer Kundgebung darauf hin, dass ein Verstorbener *in der ersten Zeit* nach dem Tod Menschen, die ihm im Erdendasein *nicht* nahegestanden sind, noch nicht finden könne: *»Ihr müsst immer bedenken, dass die Welt, in die ihr dann* [nach dem Tod] *hineinkommt, so unendlich groß ist, dass es sehr schwer wäre, jemanden, der einem nicht ganz nahesteht, dort zu finden.«*[10]

Zum anderen müsste dieser andere Sphärenmensch das notwendige Wissen haben, um es vermitteln zu können.

Wenn es im Karma des Verstorbenen läge, dass er im Erdendasein einen Freund hatte, dem die Anthroposophie vertraut war und der schon vor ihm durch die Pforte des Todes geschritten ist, so hätte er ›Glück‹. Er würde den Freund in den übersinnlichen Welten finden und sich von ihm belehren lassen können.

Rudolf Steiner sagte immer wieder in aller Deutlichkeit, dass es für einen Verstorbenen äußerst schwierig sei, ein geistiges Wissen, das er im Erdenleben sich anzueignen versäumt habe, in den übersinnlichen Welten nachzuholen. Andere Verstorbene, die sich in ihrem Erdendasein ein solches Wissen angeeignet haben, zu denen er im Erdenleben aber keine Beziehung angeknüpft hatte, können jetzt nur einen sehr geringen Einfluss auf ihn ausüben, indem sie ihn etwa über geistige Erkenntnisse unterrichten. Dazu müssen diese aber *von sich aus* den Weg zu dem hilfebedürftigen Verstorbenen suchen.

Sigwart berichtete von einigen zum Teil recht frustrierenden Versuchen, anderen Verstorbenen, die er vermutlich nicht aus seinem Erdenleben kannte, in diesem Sinne zu helfen.

»[...] Wie schwer war es, diesem so ganz verrannten und verirrten Menschen klar zu machen, dass es nun an der Zeit sei, an sich und seine Entwicklung zu denken. Er verstand es gar nicht. Durch unendliche Geduld habe ich ihn endlich so weit gebracht, dass er an mich glaubt, mir mit vollem Vertrauen zuhört und alles annimmt, was ich ihm sage. Schon darüber bin ich froh, denn jetzt öffnet er sich unbewusst den geistigen Strömen, und das andere kommt dann von selber.

Es gibt da oft ganz sonderbare Fälle, bei denen man wie vor einem Rätsel steht. Im Allgemeinen entspringen diese entweder einer grenzenlosen Dummheit oder einer verbohrten Gelehrtheit, welch letztere weit schwerer zur Vernunft zu bringen ist. Bei der Dummheit hat man fast stets Erfolg, wenn man den Weg der Liebe wählt.

Doch bei einer hochgradig verbohrten Gelehrtheit ist Hopfen und Malz verloren. Nur wenige Fälle von Erfolg könnte ich nennen, die mir in der doch langen Zeit seit meiner Trennung vom physischen Leib vorgekommen sind.«[11]

Fassen wir zusammen: Ein Mensch, der sich in seinem Erdenleben nie mit spirituellen Themen befasst hat, ist nach dem Tod dazu verurteilt, in einer Welt zu leben, die ihm völlig unverständlich bleiben muss. Die Engelwesen sowie die Seelen anderer Verstorbener können ihn nur sehr bedingt über dasjenige unterrichten, was nach dem Tod für ihn von großer Bedeutung ist, sofern er diese überhaupt zu finden und zu erkennen vermag. Er müsste ein völlig unorientiertes Dasein fristen. Sein dämmerhaftes Bewusstsein würde zu großen Angstzuständen führen.

Auf welchem Wege könnte ihm nun Hilfe kommen, um aus dieser fürchterlichen Situation herauszufinden?

✳✳✳✳✳✳✳✳✳✳✳✳✳✳✳✳✳✳✳✳✳

Da müssen wir die noch Lebenden, die auf dem physischen Plan Zurückgebliebenen in Betracht ziehen. Die hinterbliebenen Angehörigen, Freunde und guten Bekannten, mit denen der Verstorbene zu gemeinsamen Lebzeiten in einer recht engen Beziehung stand, können einen ungleich größeren Einfluss auf den Verstorbenen ausüben als andere entkörperte Seelen. Sie sind in der Lage, wichtige und fruchtbare Veränderungen im Leben des Verstorbenen eintreten zu lassen.

> »Viel mehr Einfluss als der Verstorbene selbst auf sich hat, und als andere Hingestorbene auf ihn haben, haben die Lebenden, die Zurückgebliebenen hier. Und das ist etwas, was ungeheuer bedeutsam ist. Wer noch auf dem physischen Plane zurückgeblieben ist und ein gewisses Verhältnis mit den Verstorbenen angeknüpft hat, wer Beziehungen hat zu den Seelen zwischen Tod und neuer Geburt, der ist eigentlich allein imstande, aus menschlicher Willkür heraus während dieses Lebens noch irgendwelche Veränderungen bei den Verstorbenen nach dem Tode eintreten zu lassen.«[12]

Die Lebenden können insbesondere die Toten in gewisser Weise über geistige Erkenntnisse ›unterrichten‹.

Damit sind wir beim Thema unseres Buches. Das Unterrichten kann nämlich im Wesentlichen dadurch geschehen, dass wir den Verstorbenen aus geisteswissenschaftlichen Werken vorlesen.

> »Beziehungen aber hat der Mensch zu Wesen diesseits, und die können ihm die Labe bringen, wonach er lechzt, die können ihm die spirituelle Weisheit bringen, indem sie den Toten vorlesen, und können ungeheuer verdienstvoll wirken dadurch.«[9]

Viele Zeitgenossen, die einerseits an ein Leben nach dem Tod glauben, andererseits aber die Notwendigkeit, sich damit zu befassen, was im nachtodlichen Leben auf sie zukommt, bezweifeln, vertreten die Ansicht: »Wenn ich einmal gestorben sein werde, werde ich ja sehen, wie es da so ist! Schließlich habe ich dann die geistige Welt und die geistigen Wesen um mich!«

Wie absurd diese Ansicht ist, kann man sich schon anhand eines einfachen Vergleichs klarmachen. Stellen wir uns vor, ein Mensch würde aus irgendwelchen Gründen in ein ihm völlig fremdes Land emigrieren, über das er sich im Vorfeld keinerlei Informationen eingeholt hat, weil er vielleicht sicher war, sich dort problemlos einleben zu können oder weil er überstürzt fliehen musste, weil in seiner Heimat ein Krieg wütet. Nun wird in diesem Land aber eine ganz andere Sprache gesprochen. Es ist dort eine andere Kultur mit ihm gänzlich unbekannten Sitten, Traditionen, Gewohnheiten und Gebräuchen beheimatet. Es herrschen dort andere Gesetze und Regeln. Auch die dortige Fauna und Flora sind für ihn möglicherweise völlig neu, so dass er etliche Wahrnehmungen nicht richtig einordnen kann. Nun müsste er sich dort so bald wie möglich einleben; er müsste mit den fremdartigen Bedingungen zurechtkommen, um nicht dazu verurteilt zu sein, ein einsames und unorientiertes Leben führen zu müssen. Die Bewohner des Landes könnten ihm nur bedingt dabei helfen, da er deren Sprache nicht versteht.

Wie sollte es da einem Menschen leicht fallen, die übersinnlichen Welten, die ja ungleich komplexer als die physische Welt sind, zu verstehen? Das, was der Mensch jenseits der Todespforte erleben kann, ist so außerordentlich, so überraschend anders als alles, was er aus seinem Erdenleben kannte.

> »Es ist sachlich unrichtig, wenn behauptet wird, man könne warten bis zum Tode mit solchen Vorstellungen, denn dieses leibfreie Leben würde für sie ein finsteres werden, ein unorientiertes werden.«[13]

Arie Boogert, niederländischer Priester der Christengemeinschaft, schrieb in seinem Buch »Wir und unsere Toten«:

»Man kann auf der Erde vollkommen hilflos sein, wenn man in einer fremden Umgebung keine oder eine nur unvollkommene Kenntnis von den örtlichen Gegebenheiten, den Sitten, Traditionen und Gebräuchen hat. Man findet in einer solchen Situation nur dann Anschluss an die natürliche Umgebung oder menschliche Gesellschaft, wenn man sich ausreichende Kenntnisse erwirbt, die helfen sich zu orientieren.

In ähnlicher Weise braucht der Verstorbene Kenntnisse von der Welt, die ihn nun umgibt. Wer sich diese Kenntnisse in Form adäquater Begriffe nicht auf Erden erworben hat, der braucht Menschen, auf der Erde lebende Menschen, die ihm zu einem Wissen über die geistige Welt verhelfen.

Was sie ihm innerlich über seine Welt mitteilen können, kann der Verstorbene gleichsam aufsaugen. Es ist buchstäblich Nahrung für seine Seele.«[14]

Freilich hat der Verstorbene die geistige Welt, in der er sich befindet, und die geistigen Wesen um sich. Freilich hat er bestimmte Wahrnehmungen und macht er bestimmte Erfahrungen. Allerdings wird er das meiste nicht verstehen und richtig einordnen können, weil ihm die Begriffe fehlen.

»Es wäre leicht einzuwenden, dass der Tote ja in der geistigen Welt sei. Wozu brauche er dann unser Vorlesen? Ja, er ist in der geistigen Welt. Aber die Begriffe der Geisteswissenschaft müssen auf Erden erzeugt werden und können nicht anders erzeugt werden als durch das Erdengemüt der Menschen, so dass der Tote zwar die geistige Welt um sich herum hat, aber die Begriffe, die er gerade braucht, die können ihm zufließen, ihn tragend, ihn hebend in seinem Bewusstsein dadurch, dass wir sie ihm zufließen lassen von der Erde aus.«[15]

»Ja, wozu braucht man den Toten vorzulesen? Wissen sie das denn nicht aus eigener Anschauung, was der

Mensch hier auf der Erde vorlesen kann, wissen sie das nicht viel besser?

Dieses fragt allerdings nur derjenige, der da nicht in der Lage ist zu beurteilen, was man eben in der geistigen Welt erfahren kann. Sehen Sie, man kann ja auch in der physischen Welt sein, ohne das Wissen der physischen Welt zu erfahren. Wenn man nicht in der Lage ist, dies oder jenes zu beurteilen, so erfährt man eben das Wissen von der physischen Welt nicht. Die Tiere leben ja mit uns auch zusammen in der physischen Welt und wissen doch nicht das von ihr, was wir Menschen wissen.

Dass ein Toter in der geistigen Welt lebt, das macht noch nicht, dass er auch von dieser geistigen Welt etwas weiß, obzwar er sie anschauen kann. Dasjenige, was in der Geisteswissenschaft erworben wird, das wird nur auf der Erde als Wissen erworben, es kann nur auf der Erde erworben werden, es kann nicht in der geistigen Welt erworben werden. Es muss daher, wenn es eben von Wesen in der geistigen Welt gewusst werden soll, durch diejenigen Wesen erfahren werden, die es selbst auf der Erde erfahren.

Das ist ein bedeutsames Geheimnis der geistigen Welten, dass man in diesen sein kann, sie anschauen kann, dass aber dasjenige, was als Wissen über die geistigen Welten notwendig ist, auf der Erde erworben werden muss.«[16]

Es gibt für einen Sphärenmenschen, der es im Erdenleben versäumt hat, spirituelle Erkenntnisse zu erwerben, keine wirksamere Möglichkeit, sich das notwendige Wissen über die geistige Welt und das Leben, das er nun dort führt, anzueignen, als sich einer ›Sitzung‹ anzuschließen, in der ihm von Erdenmenschen darüber vorgelesen oder in anderer Weise berichtet wird. Kommen wir noch einmal auf das Beispiel mit dem Emigranten zurück. Für diesen wäre es jetzt eine große Hilfe, wenn er Kontakt zu Bekannten aus der Heimat aufnehmen könnte, die dieses Land kennen und ihm nun in seiner Sprache vieles erklären könnten.

In etlichen Vorträgen wies Rudolf Steiner auf die enorme Bedeutung dieses Vorlesens hin.

»Die Lebenden, die noch hier sind auf dem physischen Plan, sind sozusagen, wenn sie in irgendeiner Weise zusammengehangen haben, also beide, sie und der jetzt Verstorbene, hier gewesen sind, die Lebenden sind die einzigen, die etwas lindern können den Schmerz, die etwas stillen können die Qual derjenigen, die durch die Pforte des Todes gegangen sind.

Und fruchtbar hat sich in einer großen Anzahl von Fällen erwiesen, was man nennen kann gerade für diesen Fall: das Vorlesen den Toten. Es hat sich wirklich das bewährt: Da ist jemand gestorben; hier im Leben hat er sich aus irgendeinem Grunde [...] nicht mit Geisteswissenschaft befasst. Derjenige, der zurückgeblieben ist, kann aus der Geisteswissenschaft heraus wissen, dass der Verstorbene ein brennendes Interesse für Geisteswissenschaft haben kann.

Wenn der Zurückgebliebene nun Gedanken innerlich durchnimmt mit ihm, als wenn der Tote ihm gegenüberstehen würde, mit dem Gedanken, als ob der Tote vor ihm stehen würde, so ist das für den Toten eine große Wohltat. Wir können tatsächlich dem Toten vorlesen. Das überbrückt sozusagen die Kluft, die besteht zwischen den Lebenden und den Toten. Bedenken Sie, wenn die zwei Welten, die durch die materialistische Gesinnung der Menschen so geschieden sind – die Welt des physischen Planes und die spirituelle Welt, die der Mensch durchläuft zwischen Tod und neuer Geburt – bedenken Sie, wie dies unmittelbar ins Leben eingreift, wenn diese zwei Welten zusammengeführt werden!

Wenn Geisteswissenschaft nicht Theorie bleibt, sondern unmittelbarer Lebensimpuls wird, also das, was Geisteswissenschaft eben sein soll, dann gibt es keine Trennung, sondern unmittelbare Kommunikation. Das Vorlesen den Toten ist einer von den Fällen, in denen

wir in unmittelbare Beziehung zu den Toten treten können, in denen wir ihnen helfen können. Derjenige, der
Geisteswissenschaft gemieden hat, bleibt immer in der
Qual, nach ihr zu verlangen, wenn wir ihm hier nicht helfen. Aber wir können ihm auch von hier helfen, wenn er
überhaupt ein solches Verlangen hat. So kann der Lebendige dem Toten helfen.«[17]

»Die sogenannten Toten brauchen die Lebenden, denn
sonst würden sie nichts anderes auf Erden schauen
können als sich selbst, das heißt ihr eigenes abgelaufenes
Leben.«[18]

Rudolf Steiner sprach sogar davon, dass den Toten auf diese
Weise »geistige Lebensluft«, »geistiges Lebenswasser« und
»Geisteslicht« geschenkt werde.

»Derjenige, der durch die Pforte des Todes tritt, kann
von alledem auch das als Miterlebnis haben und erfahren, was hier in der Geisteswissenschaft getrieben wird.
Deshalb rate ich so vielen, wenn sie liebe Tote, durch
die Pforte des Todes Gegangene haben, ihnen vorzulesen oder zu erzählen von den geisteswissenschaftlichen
Lehren, denn was in geisteswissenschaftliche Worte ge-
prägt ist, hat nicht nur Bedeutung für die im physischen
Leibe lebenden Seelen, sondern es hat volle Bedeutung
auch für die Seelen, die entkörpert sind.
Es kommt ihnen zu wie geistige Lebensluft, wie geistiges Lebenswasser, oder man könnte auch sagen, sie
vernehmen Licht durch uns hier unten. Dieses Licht ist
für uns ja zunächst, man möchte sagen, symbolisch,
denn wir hören Worte und nehmen sie als Gedanken in
unsere Seele auf; die Toten sehen es aber wirklich als
Geisteslicht.«[19]

Es darf als sehr wahrscheinlich angesehen werden, dass das
Vorlesen nicht nur für die Sphärenmenschen, sondern auch
für Engel und Elementarwesen von großem Nutzen ist.

1.2 Welchen Verstorbenen können bzw. sollen wir vorlesen?

W ie noch dargestellt werden soll, ist es wichtig, dass wir uns vor dem Vorlesen auf den Verstorbenen einstimmen, damit er uns leichter finden kann (☞ Kapitel 2, S. 41ff.). Das kann im Allgemeinen nur gelingen, wenn wir den Sphärenmenschen ganz gut gekannt haben. Somit kommen also in erster Linie nahe Angehörige, Freunde und gute Bekannte in Frage, die bereits die Schwelle des Todes überschritten haben.

> »Und da die innigste Beziehung besteht zwischen den Toten und denjenigen, mit denen sie gelebt haben, so sind die besten Vorleser für die Toten diejenigen Menschen, die um den Verstorbenen gelebt haben, die mit ihm verbunden oder befreundet waren, oder die sonst eine reale Beziehung vor dem Tode zu ihnen gehabt haben.«[15]

Arie Boogert schrieb in seinem bereits erwähnten Buch:

»Denn die Verstorbenen können nach dem Tod nicht sofort neue Beziehungen anknüpfen, sie sind auf die bereits existierenden Verbindungen angewiesen. Menschen, die sich im Leben gekannt, vielleicht einen Teil ihres Lebens gemeinsam verbracht haben, verbindet als Lebende und Verstorbene wie von selbst ein gefühlsmäßiges Band.«[20]

Aus dem im vorigen Abschnitt Gesagten kann geschlossen werden, dass *insbesondere* solche Verstorbenen aus unserem Bekanntenkreis des Vorlesens bedürfen, von denen wir wissen, dass sie sich nicht oder nur wenig mit spirituellen Themen – namentlich mit dem Leben zwischen Tod und neuer Geburt – beschäftigt haben.

Aber auch Verstorbenen, die uns nicht ganz so nahestanden, können wir vorlesen.

»Man kann es sogar so weit bringen, obzwar das schwieriger ist, dass, wenn man innerhalb einer gemeinsamen Weltanschauung, oder über irgendein Gebiet des Lebens überhaupt, einen gemeinsamen Gedanken mit dem Toten gehabt hat und eine persönliche Beziehung zu ihm hatte, man auch einem Fernerstehenden vorlesen kann.

Das geschieht so, dass er durch den warmen Gedanken, den man an ihn richtet, nach und nach auf einen aufmerksam wird. So kann es sogar nützlich werden, wenn man Fernerstehenden nach ihrem Tode vorliest.«[21]

✻✻✻✻✻✻✻✻✻✻✻✻✻✻✻✻✻✻✻✻✻

Selbst für Sphärenmenschen, die sich zu Lebzeiten schon mehr oder weniger intensiv mit der Anthroposophie beschäftigt haben, kann das Vorlesen eine große Hilfe, ja eine Wohltat sein. Es dürfte kaum jemanden geben, der sich in seinem Erdenleben so gründlich mit der Geisteswissenschaft befasst hat, dass er alles verinnerlicht hat, was nun in seinem nachtodlichen Leben von großer Bedeutung ist. Jemand der zu seinen Lebzeiten der Geisteswissenschaft nahegestanden hat, wird das Vorgelesene umso besser verstehen.

»Seelen, die hier schon etwas von Geisteswissenschaft gehört haben, können wir große Dienste erweisen, indem wir ihnen Zyklen vorlesen. Solche Seelen sind zwar imstande, eine geistige Welt wahrzunehmen, aber sie können deshalb doch nicht die Begriffe und Ideen bilden, die nur hier erlangt werden können.«[18]

In einem anderen Vortrag sagte Rudolf Steiner sogar, dass man jemandem, der im Leben Anthroposoph war, ganz besonders dienen könne, indem man ihm vorliest.[22]

✻✻✻✻✻✻✻✻✻✻✻✻✻✻✻✻✻✻✻✻✻

Wie verhält es sich nun bei solchen, die alles Spirituelle und insbesondere auch die Geisteswissenschaft Rudolf Steiners abgelehnt und womöglich sogar verhöhnt haben?

Es gibt zahlreiche Menschen, die in ihrem Oberbewusstsein eine starke Abneigung gegen alle spirituellen Themen und Bestrebungen haben. Viele von ihnen machen keinen Hehl daraus, indem sie alles Geistige als Unfug und spirituell interessierte Zeitgenossen als Spinner bezeichnen. Rudolf Steiner sagte mehrmals, dass es sich häufig so verhalte, dass dasjenige, was sich als starke Abneigung im Oberbewusstsein zeige, eine starke Neigung im Unterbewusstsein sei. Diese Menschen haben also in ihren Seelentiefen eine starke Sehnsucht nach spirituellen Erkenntnissen. Ihr Ich weiß von diesem Wunsche nichts. Nach dem Tod tritt ihnen nun aber nicht nur das vor ihr Seelenauge, was ihnen im Erdenleben bewusst geworden ist, sondern auch alles, was sie mit ihrem Tagesbewusstsein niemals beleuchten konnten. Nun wird ihnen also ihre große Sehnsucht, die sie nach spirituellen Erkenntnissen hatten, voll bewusst und brandaktuell. Diese Sehnsucht können sie nicht so ohne weiteres stillen. Die Unmöglichkeit, diese Sehnsucht zu stillen, kann sehr qualvoll werden.

Darauf wies Rudolf Steiner in mehreren Vorträgen hin:

»Nach dem Tode erleben wir nicht bloß die Nachwirkungen dessen, was in unserem Oberbewusstsein, in unserem Ich-Bewusstsein ist. Wer das glaubte, würde die Verhältnisse nach dem Tode ganz falsch ansehen. Wir haben oft betont, wie der Mensch zwar physischen Leib und Ätherleib mit dem Tode abstreift, aber Wünsche, Sehnsüchte und so weiter bleiben.

Doch es bleiben nicht nur die Wünsche und Sehnsüchte, von denen der Mensch etwas weiß, sondern auch die, welche in seinem Unterbewusstsein sind und von denen er nichts weiß, die er vielleicht bekämpft, gegen die er wütet. Diese sind nach dem Tode oft viel stärker und intensiver, als sie im Leben sind. Im Leben zeigt sich eine gewisse Disharmonie zwischen Astralleib und Ich in einem Sich-Ödefühlen, Sich-Unbefriedigtfühlen und so weiter.

Nach dem Tode gibt gerade das astralische Bewusstsein den ganzen Charakter der menschlichen Seele an, das ganze Gepräge, wie der Mensch ist. Was wir in unserem Oberbewusstsein ausleben, ist nicht einmal von so großer Bedeutung wie alle die verborgenen Wünsche, Begierden, Leidenschaften, die in den Seelentiefen vorhanden sind und von denen das Ich oft gar nichts weiß.

So kann es sein, dass ein solcher Mensch, der, weil sein Freund Anthroposoph geworden ist, über die Anthroposophie herzieht, durch die Pforte des Todes geht. Und jene Sehnsucht, die sich vielleicht gerade deshalb ausgebildet hat, weil er über die Anthroposophie geschimpft hat, macht sich geltend und wird jetzt ein innigster Wunsch nach der Anthroposophie.

Dieser Wunsch müsste ungestillt bleiben; denn es könnte kaum der Fall eintreten, dass der Mensch nach dem Tode selbst Gelegenheit hätte, diesen Wunsch zu befriedigen. Aber durch eine eigentümliche Verkettung der Umstände kann in einem solchen Falle der, welcher auf der Erde zurückgeblieben ist, dem andern helfen und an dessen Verhältnissen etwas ändern.«[23]

»Wenn der Mensch durch die Pforte des Todes getreten ist, wirken auch alle geheimen Seelenkräfte und Sehnsüchte nach, das, was er im physischen Leben unterdrückt hat, tritt auf als der Inhalt der Läuterungszeit. Wir sehen Menschen durch die Pforte des Todes gehen, die hier Feinde der Geisteswissenschaft waren; nach dem Tode entwickeln sie die intensivste Sehnsucht darnach. Solche Hasser streben dann nach der Geisteswissenschaft. Dann stellt sich folgendes ein:

Wären wir ihnen im Leben mit einem geisteswissenschaftlichen Buch gekommen, da hätten sie uns angefahren; nach dem Tode können wir ihnen keinen besseren Dienst tun, als wenn wir ihnen vorlesen.«[24]

»Und solches Vorlesen den Toten ist oftmals außerordentlich wichtig. Auch da kann der Seher die Erfahrung machen, dass Menschen, die sich hier gar nicht bekümmert haben um irgendwelche spirituellen Weistümer, dann, nachdem sie durch die Pforte des Todes geschritten sind, eine starke Sehnsucht haben nach solchen spirituellen Weistümern, sie hören wollen.«[25]

Jetzt kann es für eine solche Seele zu einem großen Labsal werden, wenn ihr von einem Lebenden aus geisteswissenschaftlichen Büchern vorgelesen wird, so dass sie dasjenige, was in ihrem Unterbewusstsein bzw. ihrem astralischen Bewusstsein als Wunsch lebte, befriedigen kann. Wenn wir das mit vollem Ernst berücksichtigen, sollten wir insbesondere auch solchen ehemaligen Weggefährten die Wohltat des Vorlesens erweisen, von denen wir wissen, dass sie alles Spirituelle ignoriert und vielleicht sogar bekämpft haben.

»Und gerade oftmals bei solchen, die im Leben gegen die Geisteswissenschaft gewütet haben, stellt sich nach dem Tode die heftigste Sehnsucht nach ihr ein.
Daher versäumen Sie es nicht, gerade gegenüber solchen Toten, die im Leben die Geisteswissenschaft bekämpft haben, das Vorlesen vorzunehmen! Sie werden ihnen damit vielleicht dann oftmals gerade den allergrößten Dienst tun.«[26]

✳ ✳

Es spielt im Übrigen keine Rolle, ob diejenigen, denen wir vorlesen möchten, erst vor kurzem oder schon vor Jahren oder gar Jahrzehnten durch die Pforte des Todes geschritten sind. Somit könnten wir uns etwa auch an Vorfahren wenden, die wir kaum oder gar nicht mehr kennengelernt, über

die wir aber von unseren Eltern viel erfahren haben. *Wenigs-*
tens so lange der Verstorbene noch im Kamaloka weilt,
kann er das Vorgelesene wahrnehmen und verstehen. Die
Kamalokazeit entspricht ja ungefähr einem Drittel der Dauer
seines letzten Erdenlebens. Wenn er beispielsweise mit 75
Jahren gestorben ist, so wird sein Kamalokaleben in etwa 25
Jahre dauern.

Jeder, der es sich zur Aufgabe gemacht hat, einem oder
mehreren Verstorbenen vorzulesen, kann sich sicher sein,
dass sich einer solchen Lesung auch viele Verstorbene
dankbar anschließen, die man persönlich nie kennengelernt
hat, die also nicht aus dem eigenen Schicksalskreis stammen.

Rudolf Steiner wurde nach einem Vortrag, den er am 27.
April 1913 in Düsseldorf hielt, gefragt, ob man auch früh
verstorbenen Kindern vorlesen könne. Darauf antwortete er:

> »Ein Kind ist man nur hier auf der Erde. Manchmal stellt
> sich dem seherischen Blick dar, dass ein Mensch, der als
> kleines Kind gestorben ist, eine Individualität ist, die we-
> niger Kind ist in der geistigen Welt als mancher, der mit
> achtzig Jahren gestorben ist. Man kann daher nicht den-
> selben Maßstab anlegen. [...]
>
> So möchte ich sagen, man kann das Vorlesen auch in
> Bezug auf jungverstorbene Kinder ausüben.«[27]

1.3 Wie können die Verstorbenen das Vorlesen überhaupt mitbekommen?

Die Welten, in denen die Verstorbenen weilen, sind ja
nicht fernab der Erdenwelt, wie vielfach angenom-
men wird. Vielmehr durchdringen und durchströmen sich
die Sinneswelt sowie alle Regionen bzw. Sphären der
Astral- oder Seelenwelt und die der Geisteswelt bzw. des
Devachan. Man muss sich *alle* Welten als miteinander ver-
woben denken. In einer ähnlichen Weise, wie sich in der

Sinneswelt verschiedene Flüssigkeiten oder Luftströmungen durchdringen und durchziehen können, wird auch unsere physische Welt von den höheren Welten durchdrungen und durchzogen. Daraus folgt, dass diese übersinnlichen Welten nicht fernab von unserer Welt sind, wie es insbesondere der in diesem Zusammenhang häufig benutzte Ausdruck »Jenseits« suggerieren könnte. Die höheren Welten sind also *überall.* Die geistig-seelischen Wesen, also auch die Verstorbenen, sind lediglich in einer Sphäre, die *jenseits* der Wahrnehmungsfähigkeit des heutigen Durchschnittsmenschen liegt.

Ein Sphärenmensch teilt sich gewissermaßen das gesamte Planetensystem mit allen anderen Sphärenmenschen. Sie sind wie in den Kosmos ›ausgegossen‹. Ihre Geistgestalten durchdringen einander und sind auch in der irdischen Umgebung anwesend.

Folglich sind die Verstorbenen gewissermaßen immer in unserer Nähe. Sie verlieren uns nicht; sie bleiben mit uns verbunden. Sie können an dem Leben der Menschen, die ihnen im gemeinsamen Erdenleben nahestanden, also namentlich der Angehörigen und Freunde, noch ganz unmittelbar Anteil nehmen. Insbesondere können sie die Gefühle und Gedanken ihrer Hinterbliebenen wahrnehmen – allerdings nur, wenn letztere sich auf Geistiges richten.

> »Nicht wahrnehmen nur, sondern verstehen können die Seelen im Jenseits die spirituellen Gedanken, welche die Seelen hier hegen. Und dadurch kann das zustande kommen, was so wichtig werden kann für den Verkehr der diesseitigen mit den jenseitigen Seelen: nämlich das, was man nennen kann Vorlesen den Toten.«[25]

Überhaupt kein Verständnis mehr haben die Verstorbenen für weltliche, materialistische Themen.

> »Ihnen äußere, materialistische Wissenschaft vorlesen, etwa Chemie oder Physik, das hilft nichts, das ist eine

> Sprache, die sie nicht verstehen, weil diese Wissenschaften nur für das Erdenleben Wert haben. Aber dasjenige, was über die spirituellen Welten als eine Sprache gesprochen wird in der Geisteswissenschaft, das bleibt den Toten verständlich.«[28]

Wir alle haben eine ständige Verbindung zu den Sphärenmenschen aus unserem Lebensumfeld. Je konkreter und inniger die Beziehung zu Menschen im gemeinsamen Erdenleben war, desto konkreter ist sie jetzt, nachdem sie gestorben sind. Selbst wenn wir uns nur hin und wieder an sie erinnern würden, wenn wir nur von Zeit zu Zeit an sie denken würden, würde diese Verbindung nicht abreißen!

> »Die auf dem physischen Plan gebliebenen Menschen haben fortwährend eine Verbindung mit den Menschen, die abgeschieden sind und in der übersinnlichen Welt sind, wenn sie nur irgendwie die Gedanken an sie richten, und auch in den Momenten, wo sie die Gedanken nicht an sie richten, wenn sie nur irgendeinmal die Gedanken an sie richten, bleibt die Beziehung bestehen. Bei der gegenwärtigen Menschheitsorganisation kann der auf dem physischen Plan Lebende in sein Wachbewusstsein nicht hereinbringen sein Wissen von diesen Banden.
>
> Daraus aber, dass man etwas nicht weiß, darf man nicht schließen, dass das Betreffende nicht da wäre. Das wäre ein sehr oberflächlicher Schluss. Sonst würden diejenigen, die jetzt hier in diesem Raum sitzen und Nürnberg nicht sehen, leicht beweisen können, dass es Nürnberg nicht gibt. Wir müssen uns also klar sein, dass zwar durch die Organisation des gegenwärtigen Menschen der Mensch nichts weiß von der Verbindung mit den Toten, dass diese aber vorhanden ist.«[29]

Die weitaus meisten entkörperten Menschen haben noch ein großes Interesse an den Menschen, die sie auf der Erde zurückgelassen haben. Sie können deren Leben auch weiterhin verfolgen. Ein Toter hat *zunächst* allerdings *im Wesentlichen* nur eine Wahrnehmung für die Lebenden, die zu seinem Schicksalskreis gehören. Besonders in den ersten Jahren und auch noch Jahrzehnte nach dem Tod wird der Verstorbene ein reges Interesse an seinen Hinterbliebenen haben. Für den Verstorbenen ändert sich das Verhältnis zu den Menschen, die er auf der Erde zurücklassen musste, nicht in so gravierender Weise. Er kann dasjenige wahrnehmen, was in den Seelen der Erdenmenschen lebt. Er kann noch unmittelbar an ihrem Leben teilhaben. Dieses Miterleben ist nun sogar sehr viel inniger als es zu Lebzeiten der Fall war, als dieses noch durch die Schranken seines physischen Leibes eingeengt war.

> **»Von Seiten desjenigen, der drüben ist, ist das bewusste Zusammensein mit Seelen, die hier zurückgeblieben sind, ein intensiveres, ein innigeres, als es hat sein können im physischen Leibe.«**[30]

Sigwart sagte dazu in einer seiner zahlreichen Kundgebungen:
»Ja, ich bin wieder in eurer Mitte! [...] Und dieser Sigwart bin ich noch, nur noch viel mehr »Ich« als damals! Auch der Zusammenhang mit euch ist viel näher als je auf Erden, wenn ihr es auch nicht fühlen könnt. [...]
Mir kommt es oft sonderbar vor, dass ihr mich nicht seht, wenn ich so vor euch stehe, euch zulächle, ihr mich anseht und doch nichts davon wisst.«[31]

Je konkreter und inniger die Beziehung zweier Menschen im Erdenleben war, desto konkreter und inniger ist sie auch, wenn einer der beiden durch die Pforte des Todes geschritten ist.

Sigwart drückte es folgendermaßen aus:
»Ich kenne euch eigentlich jetzt erst wirklich, denn das, was ich zu Lebzeiten an euch liebte, war so stark eingehüllt in Materie, dass ich eigentlich gar nicht wusste, was ich an

euch so liebe. Jetzt ist das anders. Jetzt sehe ich euch, wie ihr wirklich seid. Ihr könnt mir nichts verbergen: Nein, meine Lieben, wie ein offenes Buch liegen nun eure Leben vor mir, und ich weiß, wer ihr seid! Wie schön ist es, wie herrlich, wenn man alles das überblicken kann, immer mit der seligen Gewissheit, dass es keine Trennungen mehr zwischen uns gibt, dass unsere Leben eine Kette verschiedener Erden- und Himmelsdaseinsepochen sind. – Himmelsepochen schon jetzt in dem Sinne, dass ihr euch nachts loslöst und freimacht. Denn das ist gegen euer Erdenbewusstsein ein himmlischer Zustand, trotzdem ihr noch die Erdenfesseln an euch tragt.«[32]

Nun muss man sich fragen, wie das überhaupt möglich sein kann, dass ein Verstorbener – sogar wenn dieser schon lange Zeit in den höheren Welten weilt – noch eine Wahrnehmungsmöglichkeit für die Menschen, die auf der Erde verkörpert sind, hat. Natürlich hat er längst keine physischen Organe mehr, so dass er deren physische Leiblichkeit nicht sehen kann. Physische Farben und Formen kann er nicht mehr wahrnehmen. Das, was er von einem auf der Erde wandelnden Menschen wahrnehmen kann, ist dessen ›geistiges Gegenbild‹.[33] Alles, was man mit physischen Sinnen wahrnehmen kann, hat in der Geisteswelt ein solches Gegenbild. Wenn der Erdenmensch irgendeine Verrichtung macht oder eine Veränderung erfährt, so kann der Verstorbene das entsprechende geistige Gegenbild sehen. Es ist für einen Menschen, der durch die Pforte des Todes geschritten ist, sogar etwas leichter, einen *vertrauten* Erdenmenschen wahrzunehmen als einen anderen Verstorbenen. Die Seele eines auf der Erde lebenden Menschen tritt in ähnlicher Weise in sein ›Blickfeld‹, wie er das zu Lebzeiten gewohnt war. Die Seelen der lebenden Menschen erscheinen ihm in dem Bild, das er sich im gemeinsamen irdischen Zusammenleben formen konnte. Dieses Bild trägt er immer noch in sich. Insbesondere kann ein Sphärenmensch – zumindest prinzipiell – die Gedanken, Gefühle und Willensimpulse seiner Hinterbliebenen mitbekommen. Auf diese Art kann er gewahr werden, was der Erdenmensch tut und wie es ihm ergeht.

Sigwart erklärte seinen Geschwistern in mehreren Mitteilungen die Art, *wie* er ihre Gedanken und Gefühle wahrzunehmen vermochte:

»Ich sehe euch jetzt anders: Es ist mehr ein Sehen und Fühlen alles Hohen und Geistigen in euch. Jede Gefühlsregung verursacht Schwingungen, die euch umgeben, und danach empfinde ich euch und eure Liebe.«[34]

»Es ist mir doch auch von dieser Sphäre aus alles, was euch umgibt und alles, was euch beglückt, ganz bewusst fühlbar. Wenn ich zu euch komme, so komme ich mit dem Interesse eines Menschen, wie ich es war, als ich noch sichtbar unter euch weilte. [...]
Bin ich bei euch und ihr fühlt z.B. etwas, was euch Vergnügen bereitet, dann habe ich genau dieselbe Empfindung wie ihr. Denkt daran, dass ich mich mit euch freue und alles das schaue, was euch bereichert an hohen Gefühlen.«[35]

»Ich könnte, wenn ich wollte, alle eure Gedanken lesen. Natürlich müsste ich mich dazu anders einstellen. Ich muss mich mit dem Betreffenden ganz durch Fluide verbinden, dann erst fühle ich jeden seiner Gedanken. Ich habe das aber noch nicht getan, wenn es sich auf Persönliches bezieht, denn ich finde das indiskret.
Es genügt, wenn ich die Gedanken fühle, die mich betreffen. Die fühle ich, weil sie zu mir hinschweben und mich immer erreichen. Daher weiß ich auch immer, wenn ihr im Schmerz meiner gedenkt, nichts könnt ihr mir darin verheimlichen. [...] ebenso dringt auch jedes eurer tiefgeistigen Gespräche zu mir, weil der Grundton doch wieder mit mir, meinem Fortgehen und meinem jetzigen Leben zusammenhängt. Sobald ihr über Geistiges sprecht, bin ich da, höre zu und freue mich über das tiefe Interesse und das vollkommen richtige Empfinden eurerseits.«[36]

»Ich habe gut gehört, worum sich eure Gespräche dreh-ten. Ich habe nicht nur den Sinn gehört, denn ich sehe und fühle jetzt die Gedanken in euch.«[37]

»Der geistige Körper, den ich jetzt trage, ist so intensiv auf feinste Gefühle eingestellt, dass ich auf jeden eurer Rufe reagiere wie die zarteste Saite, die erklingt, wenn auch nur ein Hauch sie berührt. Nichts geht mir daher verloren von euren tiefsten Empfindungen, denn sie sind meinem Zustand gleich.«[38]

Somit bekommen die Verstorbenen es selbstverständlich mit, wenn sich die Lebenden in der rechten Gesinnung (☞ Kapitel 2, S. 41ff.) an sie wenden, um ihnen beispielsweise aus geisteswissenschaftlichen Büchern vorzulesen. Nach dem Tod kann ein Mensch selbst schwierige Themen viel leichter verstehen, als es während seiner Inkarnation der Fall war. Zum einen wird er jetzt nicht mehr durch das viel zu starre physische Gehirn eingeschränkt, zum anderen kann er das, was er nun hört, mit seinen eigenen geistigen Wahrneh-mungen, die er nun hat, verbinden und vergleichen.

Durch das Vorlesen kommen wir in eine ganz reale, inni-ge Gemeinschaft mit dem Verstorbenen.

»Indem wir mit dem Toten in einer Verbindung stehen, wie sie durch das Vorlesen gegeben ist, tritt dann für den Toten selbst jene Gemeinschaft auf, von der wir auch schon gesprochen haben, aber eben für diesen beson-deren Fall des Vorlesens. Dadurch tritt der Tote in Ver-bindung mit der Seele, die ihm hier vorliest, mit der Seele, die ihm irgendwie karmisch besonders verbunden ist. [...]

Machen Sie sich das einmal klar. Wenn Sie hier einem sogenannten Lebenden vorlesen, so wissen Sie, der ver-steht in dem Sinne, wie man vom menschlichen Ver-ständnisse spricht, dasjenige, was Sie ihm vorlesen. Der Tote lebt darinnen, der Tote lebt in jedem Wort, das Sie ihm vorlesen, der Tote dringt ein in dasjenige, was durch Ihr eigenes Gemüt zieht. Der Tote lebt mit Ihnen, er lebt intensiver mit Ihnen, als er jemals in dem Leben zwischen der Geburt und dem Tode hat leben können. Das kann sich Ihnen steigern zum Verständnisse der Gemeinschaft mit dem Toten.«[39]

1.4 Welche Bücher oder Texte eignen sich zum Vorlesen?

M it dieser Frage berühren wir erstmals einen ganz praktischen Aspekt.

Nun, prinzipiell kommen alle Bücher in Frage, in denen aus lebendiger Geistanschauung spirituell gesättigte Gedanken enthalten sind. Somit sind es in erster und entscheidender Linie die Werke Rudolf Steiners – seien es seine selbst geschriebenen Bücher oder seien es diejenigen, in denen Nachschriften seiner unzähligen Vorträge abgedruckt sind.

Hier können aus der großen Fülle seiner schriftstellerischen Hinterlassenschaft zunächst einmal die beiden grundlegenden Werke *»Theosophie«* (GA 9) und *»Die Geheimwissenschaft im Umriss«* (GA 13) empfohlen werden.

Dann kommen insbesondere die Bücher in Betracht, die Vorträge über das nachtodliche Leben enthalten, denn das ist ja gerade das aktuelle Thema des Verstorbenen. Hier ist etwa an *»Vor dem Tore der Theosophie«* (GA 95), *»Inneres Wesen des Menschen und Leben zwischen Tod und neuer Geburt«* (GA 153), *»Der übersinnliche Mensch, anthroposophisch erfaßt«* (GA 231), *»Okkulte Untersuchungen über das Leben zwischen Tod und neuer Geburt«* (GA 140) und *»Das Leben zwischen dem Tode und der neuen Geburt im Verhältnis zu den kosmischen Tatsachen«* (GA 141) zu denken.

Des Weiteren sind Bücher mit Vorträgen, in denen Rudolf Steiner über die geistigen Wesen der höheren Hierarchien sprach, zu empfehlen. Schließlich kommt der Verstorbene mit diesen erhabenen Wesen mehr und mehr zusammen, und es ist von größter Bedeutung, dass er sie zu erkennen und verstehen lernt. Hier sind etwa die Bücher *»Geistige Hierarchien und ihre Wiederspiegelung in der physischen Welt – Tierkreis, Planeten, Kosmos«* (GA 110) und *»Die geistigen Wesenheiten in den Himmelskörpern und Naturreichen«* (GA 136) zu nennen.

Sphärenmenschen, die in ihrem Leben sehr religiös gestimmt waren und denen die Bibel eine wichtige und gern gelesene Weisheitsquelle war, könnte man auch die Evangelien-Zyklen Rudolf Steiners vorlesen, also: *»Das Johannes-Evangelium«* (GA 103), *»Das Lukas-Evangelium«* (GA 114), *»Das Matthäus-Evangelium«* (GA 123) und *»Das Markus-Evangelium«* (GA 139).

Neben den Werken Rudolf Steiners kann man freilich auch die Schriften anderer Geistesseher, die auf dem Boden der Anthroposophie stehen, heranziehen. Hier denken wir etwa an die Bücher von Judith von Halle und Iris Paxino. Ebenfalls in Betracht kommt die anthroposophische Sekundärliteratur.

Es ist sehr wichtig, dass man den Text, den man vorliest, selbst gut versteht. Daher ist zu empfehlen, dass man beispielsweise aus einem Vortragszyklus Rudolf Steiners liest, den man gedanklich recht gut durchdrungen hat.

Wenn man einem Verstorbenen vorlesen möchte, der sich in der Anthroposophie gut auskannte, so können freilich auch zahlreiche andere Vorträge Rudolf Steiners verwendet werden, die über die Darstellungen des nachtodlichen Lebens hinausgehen.

Im Grunde kann man mit einem Text, den man in bester Absicht wählt, dem Verstorbenen damit zu helfen, nichts falsch machen. Man könnte auch seinen Engel oder den des Verstorbenen bitten, bei der Wahl zu helfen. Wenn es gelingt, sich auf diese Bitte einzustimmen, wird man schon die richtige Wahl treffen.

Möglicherweise liest dieses Büchlein jemand, der bisher der Anthroposophie noch fernsteht und sich anschließend entscheidet, seinen lieben Verstorbenen auch die Wohltat des Vorlesens zu erweisen. Ein solcher könnte *vorerst* noch nicht ein geisteswissenschaftliches Buch heranziehen, da er aus diesem *vermutlich* nicht mit dem notwendigen Verständnis lesen könnte. Einem solchen kann empfohlen werden, zunächst aus der Heiligen Schrift, namentlich aus dem Johannes-Evangelium, vorzulesen.

1.5   Wie oft sollte man vorlesen?

D iese Frage lässt sich nicht pauschal beantworten, zumal es sehr stark von der Zeit und der Kraft abhängt, welche jemand, der sich dieser wertvollen Aufgabe widmen möchte, aufbringen kann.

Wichtig erscheint uns aber eine gewisse Regelmäßigkeit. So *könnte* es, um in einen gewissen Rhythmus zu kommen, eine gute Idee sein, es beispielsweise einmal pro Woche – möglichst am gleichen Wochentag und vielleicht sogar zur gleichen Uhrzeit – zu pflegen. Jemand, der über die entsprechende Zeit verfügt, kann es freilich auch täglich oder alle zwei Tage durchführen.

Für die Toten ist die Uhrzeit völlig unerheblich.

> »Dieses Vorlesen kann zu jeder Zeit geschehen. Ich bin schon gefragt worden, zu welcher Stunde man das am besten tut. Das ist ganz unabhängig von der Stunde.«[40]

> »Wir dürfen nicht geizen mit dieser Sache; dadurch überbrücken wir den Abgrund, der uns von unseren Toten trennt. Nicht nur in den extremsten Fällen, sondern in jedem Fall können wir den Toten Gutes tun. Das ist ein

tröstliches Gefühl, das den Schmerz lindern kann über das Ableben eines Menschen, den man liebt.«[41]

1.6 Wie lange sollte das Vorlesen dauern?

W enn man nur für sich auf ganz ›normale‹ Art einen Vortrag Rudolf Steiners liest, so wird das im Durchschnitt ungefähr eine Stunde dauern.

Wie wir noch sehen werden, muss das Vorlesen für die Toten auf eine andere und viel intensivere Weise erfolgen, die einer hohen Konzentration bedarf. Außerdem ist eine gewisse Vorbereitung, in der man sich auf den Verstorbenen einstimmt, sehr wichtig (☞ Kapitel x, S. 41ff.). Daher müssen insgesamt eher *mindestens* 75 Minuten eingeplant werden.

Nach unserer Erfahrung ist es oftmals recht schwierig, die notwendige hohe Konzentration so lange aufrechterhalten zu können. Selbstverständlich ist es kein Problem, die Zeit zu verkürzen, falls es aus irgendwelchen Gründen erforderlich sein sollte. Dann müsste man halt einen Vortrag splitten und ihn auf zwei ›Sitzungen‹ aufteilen.

Sofern man aus einem Buch liest, muss man den Inhalt ebenfalls so aufteilen, dass man in dem Zeitrahmen bleibt, den man für angemessen hält.

1.7 Die richtige Motivation

J eder, der sich mit der Anthroposophie verbunden hat und die große Bedeutung, die das Vorlesen für die Toten hat, einsieht, wird es sich gewiss als eine Pflicht auferlegen, seinen Dahingeschiedenen regelmäßig vorzulesen.

Es versteht sich vermutlich von selbst, dass man das Vorlesen *nicht* aus egoistischen Motiven pflegen sollte. Ein solches läge etwa dann vor, wenn man damit die Hoffnung verbindet, dass einem später nach dem eigenen Tod von anderen Menschen auch vorgelesen wird. Auch wenn man es des behaglichen und wohligen Gefühls wegen, etwas ›Gutes‹ getan zu haben, macht, liegt nicht die rechte Gesinnung vor.

Von einer rechten Gesinnung bzw. Motivation kann nur dann gesprochen werden, wenn man das Vorlesen völlig selbstlos aus freiem Entschluss und Liebe sowie in der festen Absicht vollzieht, damit einem oder mehreren Verstorbenen – vielleicht sogar denen, die man im gemeinsamen Erdenleben nicht besonders gemocht hat – eine Wohltat zu bereiten.

»Nur ein ganz selbstloser Dienst darf es sein, den man mit dem stillen Vorlesen tut.«[42]

Arie Boogert schrieb:

»Das Vorlesen für die Verstorbenen kann zu einer Aufgabe werden, die man bewusst auf sich nimmt.

Wer Menschen um sich hatte, die während ihres Lebens wenig oder keine Zeit fanden für die geistige Seite des Daseins, der kann bemerken, dass sich diese nach ihrem Tod danach sehnen, etwas über ihre neue Lebenssituation zu erfahren. Sie benötigen diese Auskunft dringend, denn nur durch sie können sie sich in ihrer neuen Umgebung zurechtfinden. Es ist eine Wohltat für sie zu spüren, dass ihre Sehnsucht befriedigt wird. Die Toten nehmen mit Dankbarkeit an, was ihnen so dargeboten wird, denn sie können während der Läuterungszeit ihre Sehnsucht nach geistigen Erkenntnissen auf keine andere Weise befriedigen.

Das Gesetz der Unveränderlichkeit hat zur Folge, dass sie, die noch an ihren irdischen Erfahrungen haften und noch keinen Kontakt mit der Welt, die sie jetzt umgibt, haben, nur über Verbindungen, die bereits auf der Erde existierten und nicht gelöst wurden, Veränderungen in das bringen können, was so in ihrer Seele lebt.«[43]

✳✳✳✳✳✳✳✳✳✳✳✳✳✳✳✳✳✳✳✳

Zum Abschluss dieses Kapitels wollen wir noch eine mehr rhetorische Frage aufwerfen: Wäre die heutige Welt, in der die Ideologie des Materialismus gerade ihre scheußlichsten Blüten treibt, was man an zahlreichen Katastrophen, Missständen und Verirrungen ablesen kann, vielleicht eine andere, wenn sich in den letzten Jahrzehnten mehr Menschen inkarniert hätten, die ihr Leben zwischen Tod und neuer Geburt mit mehr Verständnis für alles Geistige durchgemacht haben und so die richtigen geistigen Impulse mit ins Erdenleben gebracht hätten?

Damit in Zukunft immer mehr solche Menschen den irdischen Schauplatz betreten können, können wir schon heute durch das Vorlesen, mit dem wir die Sphärenmenschen unterrichten, einen Beitrag leisten.

Kapitel 2

Wie wir den Toten vorlesen können

*I*m vorigen Kapitel haben wir zu erläutern versucht, warum es für die Toten von ungeheurer Bedeutung ist, wenn die Hinterbliebenen ihnen die Wohltat des Vorlesens erweisen. Des Weiteren haben wir insbesondere noch erörtert, welchen Verstorbenen wir vorlesen sollten und welche Bücher sich besonders gut eignen.

In diesem zentralen Kapitel wollen wir erklären, *wie* dieses Vorlesen konkret erfolgen kann.

2.1 Wie können wir das Vorlesen konkret praktizieren?

Das Vorlesen für die Sphärenmenschen sollten wir in ein Ritual einbetten, das wir hier als »Andacht« bezeichnen wollen und das aus diesen vier Schritten bestehen könnte:

1. Vorbereitung und Einstimmung ☞ 2.1.1
2. Einleitender Meditationsspruch ☞ 2.1.2 (S. 54ff.)
3. **Das eigentliche Vorlesen** ☞ 2.1.3 (S. 57ff.)
4. Abschluss ☞ 2.1.4 (S. 61f.)

2.1.1 Vorbereitung und Einstimmung

Dass es nicht zielführend sein kann, sich einfach irgendwohin zu setzen und gleich mit dem Vorlesen zu beginnen, versteht sich wohl von selbst.

Selbstredend sollten wir einen Zeitpunkt wählen, der es wirklich gestattet, uns ohne Zeitdruck und mit Muße ganz dem Verstorbenen zuzuwenden. Alle weltlichen Gedanken, die wir zuvor noch hegten, und alle alltäglichen Sorgen sollten wir ›entlassen‹. Wir sollten uns einen Raum suchen, in dem wir in dieser Zeit, in der wir uns dem Verstorbenen widmen möchten, wirklich ungestört sein können. Auf einen Tisch *könnten* wir etwa eine brennende Kerze stellen.

Nun sollten wir nicht sofort mit dem Vorlesen beginnen. Vielmehr ist es sehr wichtig, uns zunächst einmal in die rechte Gemüts- bzw. Seelenstimmung zu versetzen.

Hierbei sollten wir es dazu bringen, mit Gedanken der Liebe und Dankbarkeit zu dem Verstorbenen aufzuschauen. Wenn wir es nicht zu einem innigen Gefühl der Dankbarkeit dafür bringen, dass wir mit dem lieben Verstorbenen einige Zeit lang zusammen sein, dass wir mit ihm ein gemeinsames Schicksal haben durften, wird der Tote uns nicht leicht finden. Wir müssen ganz selbstlos an das denken, was der Verstorbene vor seinem Tod für uns bedeutet hat, und nicht an das, was wir durch seinen Verlust empfinden.[1]

> **»Gute Gedanken sind wie Balsam für die Toten. Nicht egoistische Liebe soll man ihnen senden, nicht trauern, dass man die Toten selbst nicht mehr hat; das stört den Toten und ist für ihn wie Bleigewicht. Die Liebe, die bleibt, die nicht Anspruch macht darauf, den Toten noch hier haben zu wollen, die nützt dem Toten und vermehrt seine Seligkeit.«**[2]

Wenn die Toten die liebenden Gedanken, die wir im wachen Tagesbewusstsein zu ihnen hinaufsenden, wahrnehmen, so sind ihnen diese genauso teuer wie etwa einem lieben Menschen, der in der Ferne lebt, ein Foto von uns, das wir ihm schicken, lieb und teuer ist. Das, was an solchen Gedanken und Gefühlen hinaufstrahlt, durchleuchtet ihre Welt.[3]

Wenn der Tote ein schwieriger Mensch war, mit dem wir so unsere Probleme hatten, sollten wir uns dennoch bemühen, uns seiner liebenswerten Vorzüge zu erinnern, die zweifelsohne jeder Mensch hat.

Nun kann man sich fragen, wie der Tote überhaupt mitbekommen kann, dass wir ihm vorlesen möchten. Wie kann er uns finden?

Wir sind mit allen Seelen, die uns im Erdenleben nahestanden, unabhängig davon, in welcher Welt sie gerade weilen, durch feine ›geistige Fäden‹ – man könnte auch von ›karmischen Fäden‹ oder ›Schicksalsfäden‹ sprechen – ganz eng und unzerreißbar verbunden.

Wir haben ja schon erläutert, dass die Sphärenmenschen, mit denen wir auf diese Weise verbunden sind, unsere Gedanken gewissermaßen ›lesen‹ können. Somit ist anzunehmen, dass sie es auch mitbekommen, wenn wir ihnen vorlesen wollen und sich der Lesung anschließen. Schon unsere Gedanken der Liebe und Dankbarkeit, die wir ihnen senden, sowie unsere Gemütsbeziehungen zu ihnen, können ihnen den Weg weisen.

> **»Es kann sein, dass ein einfacher Mensch, der nur in Berührung mit der Geisteswissenschaft kam und der den Toten recht geliebt hat, einem Toten besser vorlesen kann als ein Seher, der zwar den Toten aufsuchen kann, der aber in diesem Leben keine Gemütsbeziehungen hatte zu dem Toten.«**[4]

Rudolf Steiner sagte oftmals, dass es dennoch wichtig sei, sich vorher auf den Verstorbenen ganz gezielt einzustimmen, damit er einen *leichter* finden könne. Wir sollten also den Toten gewissermaßen ›einladen‹. Das kann dadurch geschehen, dass wir uns ganz auf ihn konzentrieren, dass wir uns ganz auf ihn einlassen, dass wir uns innerlich, gedanklich ganz auf ihn einstimmen.

Dazu können wir uns sein Antlitz, seine Mimik sowie für ihn charakteristische Gesten oder seinen Gang visualisieren. Wir können in uns sein Lachen, den Klang seiner Stimme und für ihn typische Formulierungen rege machen. Wir können uns Erlebnisse, die wir mit ihm hatten, oder Gespräche, die wir mit ihm geführt haben, in Erinnerung rufen. Das sollten wir uns alles so konkret und lebendig wie möglich im Bilde vorstellen. Je intensiver wir uns da hineinversetzen können, desto eher wird der Tote uns finden und der Einladung folgen.

»Man kann nämlich in der Tat, wie es sich gezeigt hat gerade innerhalb unserer anthroposophischen Bewegung, außerordentliche Dienste leisten den vor uns hingestorbenen Menschenseelen, wenn wir ihnen von spirituellen Dingen vorlesen. Das kann so gemacht werden, dass man die Gedanken an den Verstorbenen richtet und, um eine Erleichterung zu haben, versucht, ihn zu denken, wie man sich seiner erinnert: vor einem stehend oder sitzend.«[5]

»Das wird in der Weise gemacht, dass man versucht, sich, um eine Imagination zu haben, ein lebendiges Bild von dem Gesichte des betreffenden Toten vorzustellen, wie er in der letzten Zeit auf der Erde war, [...]«[6]

»Wenn wir also abstrakte, verblasste Gedanken an einen Toten richten, kann er mit uns nicht Gemeinschaft haben; wohl aber, wenn wir uns recht innerlich konkret vorstellen, wie wir mit ihm da oder dort zusammengestanden haben, wie wir mit ihm gesprochen haben, wie er das oder jenes durch sein eigenes Sprechen von uns gewollt hat.

Der Gedankeninhalt, der blasse Gedankeninhalt wird nicht viel fruchten, wohl aber, wenn wir eine feine Empfindung entwickeln für den Klang seiner Sprache, für die besondere Art von Emotion oder Temperament, mit dem er sich mit uns unterhalten hat, wenn wir das lebendig warme Zusammensein mit seinen Wünschen fühlen, kurz, wenn wir uns dieses Konkrete vorstellen, aber so, dass unsere Vorstellungen Bilder sind: wenn wir uns selber sehen, wie wir mit ihm zusammengestanden oder zusammengesessen haben, wie wir die Welt mit ihm erlebt haben.

Leicht könnte man glauben, dass über den Tod hinüber gerade die blassen Gedanken spielen. Das ist nicht der Fall. Die anschaulichen Bilder spielen über den Tod hinüber. Und in Bildern des Sinnenscheins, in Bildern, die wir nur dadurch haben, dass wir Augen und Ohren, eine Tastempfindung und so weiter haben, in solchen Bildern bewegt sich das, was der Tote wahrnehmen kann.«[7]

Mit etwas Übung können manchmal schon wenige Minuten durchaus hinreichend sein, um uns auf den Verstorbenen einzustimmen. Wir müssen im Übrigen keineswegs befürchten, dass wir dadurch den Toten zu etwas zwingen würden.

»Wenn das Zusammenleben mit den Toten gepflegt wird, muss immer daran gedacht werden, dass der Tote nur dann wahrnehmen werde, was wir in unseren Seelen für ihn hegen, wenn er den Zusammenhang mit uns will. Und irgendeine Macht auszuüben über den Toten, das liegt gerade dem Geistesforscher vollständig ferne. Der Geistesforscher weiß ganz gut, dass der Tote in einer Sphäre lebt, in der andere Willensverhältnisse sind als die in der physischen Welt. Unheil wäre die Folge, wenn ein Erdenmensch in ungehöriger Weise in das Leben der Toten eindringen würde.«[8]

Wenn der Sphärenmensch dieser Zuwendung nicht bedarf – was im Allgemeinen aber eher unwahrscheinlich ist –, wird er einfach nicht teilnehmen.

✳ ✳ ✳ ✳ ✳ ✳ ✳ ✳ ✳ ✳ ✳ ✳ ✳ ✳ ✳ ✳ ✳ ✳ ✳

Im Normalfall werden wir uns im Rahmen der Andacht, in deren Mittelpunkt das Vorlesen steht, an einen Sphärenmenschen wenden, den wir im gemeinsamen Erdenleben persönlich mehr oder weniger gut gekannt haben.

Wie bereits erwähnt, können wir uns aber auch einem Verstorbenen zuwenden, den wir *nicht* gekannt haben. So könnten wir beispielsweise einem Groß- oder Urgroßvater vorlesen, der schon vor unserer Geburt oder in unseren ersten zwei Lebensjahren, als unser Ich-Bewusstsein noch nicht erwacht war, über die Schwelle des Todes gegangen ist.

Freilich ist es in diesem Fall nicht ganz so einfach, sich auf ihn einzustimmen, selbst wenn im Familienkreis oft von ihm erzählt wurde.

Nun könnte man vermuten, dass es eine gute Idee sei, sich in ein Foto, das ihn zeigt, zu vertiefen. Viel besser ist es in einem solchen Fall aber, wenn wir ein Schriftstück, das er verfasst hat, betrachten und uns in seine Handschrift versenken.

»Zum Auffinden von Verstorbenen leisten Fotografien oft die schlechtesten Dienste, eine Handschrift ist besser. Die Aufsuchung eines Toten aufgrund eines Faksimile ist nicht gelungen. Die Verbindung stellt man dadurch her, dass man die Schrift anschaut in stillem Versenken.«[9]

»Und so kann es vorkommen, und es kommt vor, dass das eintritt, dass man da einen Anthroposophen trifft, der in einer gewissen Weise imstande ist, durch das, was er schon gelernt hat, stark konzentriert spirituelle Gedanken vorzulesen oder sie ablaufen zu lassen in seiner eigenen Seele.

Dann kann man ihm sagen: Sieh einmal, da ist ein Mensch gestorben, ich zeige dir seine Schriftzüge, er war auch Anthroposoph, er gehört derselben Gemeinschaft an. Dann genügt vielleicht, dass der Betreffende nur Schriftzüge zu sehen bekommt – nicht Fotografien –, einen Lieblingsspruch des Toten erfährt, und es kann sein, dass der betreffende schon etwas entwickeltere Anthroposoph auch einem solchen in fruchtbarster Weise vorlesen kann, mit dem er im Leben in keine Berührung gekommen ist.«[4]

Man kann – wie bereits erwähnt wurde – durchaus davon ausgehen, dass sich einer solchen Lesung auch viele andere Sphärenmenschen, von deren Existenz man gar nicht wusste, anschließen und das Gehörte, das ihnen zu einem Lebenselixier werden kann, dankbar und geradezu begierig aufsaugen.

Arie Boogert schrieb:
»Wo Menschen jedoch durch geistige Bande einander verbunden sind, kann jemand, der das Vorlesen für die Verstorbenen gewöhnt ist, auch Menschen ›zu sich bitten‹, die er während ihres Lebens nicht gekannt hat.«[10]

Ein solches geistiges Band könnte *beispielsweise* dadurch geknüpft worden sein, dass man sich im Erdenleben mit der Anthroposophie verbunden hat.
»Ein gemeinsames Interesse für spirituelle Fragen kann aber die fehlenden gemeinsamen Lebenserfahrungen ersetzen.«[10]

✳✳✳✳✳✳✳✳✳✳✳✳✳✳✳✳✳✳✳✳

Es ist durchaus auch möglich, dass wir mehrere Verstorbene, die uns teuer waren, zu dieser Lesung einladen. Sofern wir eines Menschen gedenken möchten, der erst vor kurzer Zeit verstorben ist, so ist aber zu empfehlen, dass wir uns dann *nur diesem* oder *insbesondere diesem* zuwenden.

»Wir können in dieser Weise verschiedenen Toten zu gleicher Zeit vorlesen, sei es mit oder ohne Buch, und ihnen damit eine große Wohltat erweisen. Die Gedanken aber müssen auf etwas Geistiges Bezug haben; anderes hat für den Toten keine Bedeutung.«[11]

Was Steiner unter dem Vorlesen »ohne Buch« verstanden hat, werden wir an späterer Stelle dieses Kapitels noch schreiben (☞ Abschnitt 2.2, S. 63f.).

Sofern wir nur wenigen – sagen wir maximal vier oder fünf – Verstorbenen vorlesen möchten, so ist es durchaus noch ganz gut möglich, uns nacheinander auf jeden Einzelnen in der skizzierten Weise einzustimmen.

Je mehr Sphärenmenschen vorgelesen werden soll, desto schwieriger mag es sein. Wir können für diesen Fall vielleicht kein ›Patentrezept‹ geben, aber immerhin Vorschläge machen, die durchaus probat sein mögen.

So könnte man etwa alle mit Worten wie beispielsweise »Liebe verstorbene Freunde, liebe Sphärenmenschen! Ich lade euch ein, dem Vortrag Rudolf Steines über das Thema *[Vortragstitel]*, den ich euch jetzt vorlesen möchte, zu lauschen.«

Sofern es nicht allzu viele sind, denen man vorlesen möchte, könnte man vielleicht noch deren Namen aussprechen. Bei der einen Lesung könnte man sich zudem vielleicht mehr auf ein oder zwei einstimmen, beim nächsten Mal auf ein oder zwei andere, usw.

Wir gehen davon aus, dass jeder Leser da seinen eigenen Weg finden wird…

Selbstverständlich können wir auch gemeinsam mit einem Angehörigen oder Freund einem oder mehreren Toten vorlesen. Selbst in einer kleinen Gruppe Gleichgesinnter ist das möglich. Viele Menschen, die sich der Anthroposophie verpflichtet fühlen, treffen sich regelmäßig zu Lesekreisen, in denen Vorträge von Rudolf Steiner gelesen und in einem anschließenden Gespräch bewegt werden. Hier ist es absolut üblich, dass sie vorher ihre verstorbenen Freunde dazu explizit einladen.

Wenn dieses Vorlesen in einer Gruppe gepflegt wird, so wird jeder Einzelne bei der Einstimmung den Fokus auf einen Sphärenmenschen richten, der ihm besonders am Herzen liegt.

Rudolf Steiner wurde nach einem Vortrag, den er am 23. April 1913 in Essen hielt, gefragt, wie es sich verhalte, wenn sich zufällig die Situation ergebe, dass mehre Menschen gleichzeitig – womöglich über verschiedene Themen – demselben Verstorbenen vorlesen würden. Darauf antwortete er, dass das kein Problem sei.[12]

Sechs dem Verfasser gut bekannte Menschen haben ihm das Vertrauen geschenkt und erzählt, wie sie das Vorlesen handhaben und wie sie sich insbesondere ganz konkret vor dem Vorlesen auf ihre Verstorbenen einstimmen. Das Berichtete gibt der Verfasser hier sinngemäß und auf das Wesentliche reduziert mit seinen Worten wieder.

»**M**ein Mann stand im Gegensatz zu mir der Anthroposophie nicht besonders nahe. Immerhin war er ein durchaus spiritueller Mensch und hörte sogar hin und wieder zu, wenn ich ihm etwas erzählte, was ich gerade bei Steiner gelesen hatte.
Er hatte einen körperlich sehr anstrengenden Beruf. Einige Jahrzehnte arbeitete er als Gerüstbauer. In den letzten zwei, drei Jahren gab es, wenn er abends von der Arbeit nach Hause kam, immer dasselbe Ritual: Er ließ sich nach dem Duschen in seinem Wohnzimmersessel nieder, atmete ein paar Male kräftig durch und sagte dann: ›Feierabend! Jetzt kann der Tag beginnen!‹ Dabei hatte er einen schwer

zu beschreibenden, auf jeden Fall aber erleichterten Gesichtsausdruck.

Genau das rufe ich mir so lebhaft wie möglich in Erinnerung, bevor ich ihm etwas vorlese. Ich sehe dann immer seinen eigenwilligen Gesichtsausdruck vor meinem geistigen Auge, wie wenn er tatsächlich vor mir säße. Seine Worte klingen in mir nach, wie wenn ich sie gerade frisch hören würde.«

****

»**M**ein Vater starb bereits, als ich noch ein Kind war. Nicht zuletzt deshalb hatte ich zu meiner Mutter ein äußerst inniges Verhältnis.

Als junge Frau war ich ein knappes Jahr beruflich in den USA tätig. Der Abschied und die lange Trennung fielen uns sehr schwer.

Nachdem die Zeit vorüber war, flog ich wieder nach Deutschland. Am Flughafen nahm mich meine Mutter in Empfang. Es war ein unbeschreiblich freudiges Wiedersehen. Meine Mutter nahm mich in den Arm und ließ mich minutenlang nicht los. Dabei flossen bei ihr Tränen der Freude. Es war das erste Mal, dass ich meine Mutter weinen sah.

Wenn ich heute, Jahrzehnte später, meiner vor drei Jahren verstorbenen Mutter gemäß den Empfehlungen Steiners vorlese, stelle ich mir zu Beginn meistens genau diese Szene vor, die sich tief in meine Seele eingebrannt hat. Ich bin davon überzeugt, dass sie mich dadurch sofort findet und mir anschließend zuhört.«

****

»**S**chon kurze Zeit, nachdem mein Sohn mit nicht einmal dreißig Jahren gestorben war, wurde mit klar, dass er sich schwer tun würde, sich in der geistigen Welt zurechtzufinden. Er war zwar ein herzensguter Mensch, der von allen sehr geschätzt wurde. Von spirituellen oder religiösen Themen wollte er jedoch nichts wissen. Er bezeichnete das alles als Humbug. Somit stand mein Entschluss fest, zusammen mit meiner Frau regelmäßig eine Vorlesungsstunde für ihn zu veranstalten. Uns war bekannt, dass er uns vermutlich nur dann finden würde, wenn wir uns ganz in sein Wesen versenken, wenn wir uns ganz auf ihn einstimmen.

Natürlich haben sich unzählige seiner Gesten und Worte in mein Gedächtnis unauslöschlich eingeprägt. Aber eine Geste übertüncht alle.

Er war ein leidenschaftlicher Fußballspieler. Für ihn gab es nichts Höheres als Fußball. Er hatte kaum etwas anderes im Kopf. An Mädchen zeigte er kein Interesse. Seine Freizeit verbrachte er mit den Mitspielern aus seinem Verein. Obwohl seine Mannschaft nur in der Bezirksliga spielte, fühlte er sich wie ein Profi. Meistens habe ich mir die Spiele, in denen er mitspielte, angeschaut. Ganz unvergesslich ist für mich die Art und Weise, wie er jubelte, wenn er ein Tor erzielt hatte. Genau diese Geste visualisiere ich jedes Mal. Ich glaube, dass er mich dadurch leichter findet, weil ihm Fußball so wichtig war.

Meine Frau, mit der ich das Lesen gemeinsam mache – mal liest sie, mal ich – handhabt das anders. Während ich nahezu immer die gleiche Szene visualisiere, versenkt sie sich immer in das Bild, das ihr gerade aus den Seelentiefen emporsteigt. Bisweilen hat sie das Gefühl, dass unser Sohn ihr das Bild schickt.«

****

»Wenige Stunden, bevor meine Mutter in einem Krankenhaus starb, in dem sie wegen eines Oberschenkelhalsbruches lag, habe ich sie besucht. Es gab nicht die geringsten Anzeichen dafür, dass sie schon so nah an der Schwelle stand.

Als ich mich von ihr verabschiedete, schenkte sie mir einen ganz außergewöhnlichen Blick, der etwas traurig, aber zugleich äußerst liebevoll war und der mich stark berührte. Heute bin ich mir sicher, dass sie spürte, dass wir uns in diesem Augenblick zum letzten Mal in diesem Leben sahen.

Wann immer ich ihr nun vorlese, visualisiere ich diesen letzten Blick, den ich wohl nie vergessen werde. Dabei versetze ich mich fast unwillkürlich in das Gefühl, das damals in mir aufstieg.«

****

»**M**eine Eltern starben hochbetagt innerhalb weniger Monate. Sie waren fromme Katholiken, wie man sie heute nur noch selten finden dürfte. Ich glaube, dass sie keinen einzigen Gottesdienst in unserer Dorfkirche versäumt haben.

Einige Male habe ich versucht, mit ihnen über ihre Vorstellungen über das Leben nach dem Tod zu sprechen. Doch sie blockten immer ab. Ich hörte Floskeln wie ›Was genau nach dem Tod passiert, kann keiner wissen. Es ist schließlich noch keiner zurückgekommen‹ oder ›Wir waren fromme Leute. Wir müssen den Tod nicht fürchten!‹. Die Anthroposophie, von der sie hin und wieder durch mich ein wenig hörten, hielt mein Vater für ein Blendwerk des Teufels. Die Christengemeinschaft, der ich seit Jahren angehöre, bezeichnete er als eine gefährliche Sekte. Zu diesen Urteilen verstieg er sich, obwohl er sich mit beiden Bewegungen auch nicht nur im Geringsten befasst hatte. Manchmal sagte er mir, ich würde in die Hölle kommen, wenn ich nicht endlich zur katholischen Kirche zurückfinde. Meine Mutter sah es möglicherweise ähnlich. Allerdings äußerte sie es nie so krass. Trotz allem habe ich meine Eltern doch sehr gemocht, zumal beide auch ihre liebenswerten Seiten hatten.

Mir war natürlich klar, dass sie nach ihrem Tod des Vorlesens unbedingt bedürfen, um auf diese Art die geistigen Erkenntnisse gewinnen zu können, die sie benötigen, damit sie sich in der geistigen Welt orientieren können.

Wenn ich ihnen jetzt mehr oder weniger regelmäßig vorlese, gehe ich wie folgt vor: Zur Einstimmung rufe ich mir meistens zunächst eine Geste meines Vaters so lebhaft wie möglich in die Erinnerung, die für ihn typisch war. Ich sehe ihn dabei, wie er sonntags aus der Kirche nach Hause kommt und einen äußerst zufriedenen Eindruck macht, als hätte er gerade etwas ganz Außergewöhnliches vollbracht. Dabei sagte er oftmals Sätze wie ›Das war wieder eine schöne Messe‹, ›Der Pfarrer hat heute besonders gut gepredigt‹, ›Heute ist wieder sehr schön gesungen worden‹ o.ä.

Anschließend stimme ich mich auf meine Mutter ein. Bei ihr ist das nicht ganz so einfach, da es bei ihr keine so herausragende Situation gab wie die, über die ich im Zusammenhang mit meinem Vater erzählt habe. Manchmal dauert es eine Weile, bis in mir ein Bild oder ein Ausspruch, der für sie typisch war, aufsteigt.

Dann lade ich meine Eltern mit einem Meditationsspruch Rudolf Steiners ein und beginne mit dem Vorlesen.«

****

»Meine Frau starb vor zwei Jahren im Alter von 49 Jahren. Fünf Jahre vor ihrem Tod haben wir durch einen gemeinsamen Freund zur Anthroposophie gefunden und uns seitdem recht intensiv damit beschäftigt.

In den letzten sieben, acht Monaten vor ihrem Tod, als es ihr noch einigermaßen gut ging, hatten wir uns angewöhnt, einen kleinen Spaziergang in einem nahe gelegenen Park zu machen, wann immer das Wetter es erlaubte. Dabei wurde es ihr immer mehr zum Bedürfnis, aus ihrem Leben zu erzählen. So erfuhr ich auch vieles, was ich zuvor noch nicht wusste. Möglicherweise ahnte sie zu diesem Zeitpunkt bereits, dass sie diese Welt bald verlassen muss.

Auch wenn ich davon überzeugt bin, dass sie in den letzten fünf Jahren hinreichend viele spirituelle Erkenntnisse erworben hat, die ihr nun ihr nachtodliches Dasein beleuchten können, halte ich es für sinnvoll, ihr mindestens einmal pro Woche vorzulesen.

Bevor ich ihr vorlese, versuche ich mich ganz intensiv auf sie einzustellen. Meistens erinnere ich mich dabei so konkret wie möglich an die erwähnten Spaziergänge. Ich sehe vor meinem geistigen Auge, wie sie neben mir geht, meine Hand hält und aus ihrem Leben erzählt. Dabei höre ich noch genau ihre Stimme. Auch die Stationen ihres Lebens, von denen sie mir erzählt hatte, sehe ich dann vor mir, wenngleich ich die meisten gar nicht miterlebt habe. Manchmal stimme ich mich auch dadurch auf sie ein, dass ich sie eingehüllt in eine Decke im Sessel sitzen sehe, wo sie mir aufmerksam lauscht, wenn ich ihr aus einem geisteswissenschaftlichen Buch vorlese.

Oftmals ist es so, dass ich ihre Anwesenheit spüren kann. Vielleicht ist es aber nur Einbildung. An den Tagen, an denen ich ihr vorlese, träume ich nachts fast immer sehr intensiv von ihr. Das sind immer sehr angenehme Träume.«

2.1.2 Einleitender Meditationsspruch

Nachdem wir uns in der beschriebenen Weise auf den oder die Toten eingestimmt haben, ist es ratsam, bevor wir mit dem Lesen beginnen, einen der zahlreichen Meditationssprüche die Rudolf Steiner für Sphärenmenschen gegeben hat, zu zitieren.

Wir möchten dazu den folgenden empfehlen, der besonders gut als Auftakt für das Vorlesen verwendet werden kann:

> Geist Deiner Seele, wirkender Wächter,
> Deine Schwingen mögen bringen
> meiner Seele bittende Liebe
> Deiner Hut vertrautem Sphärenmenschen,
> dass, mit Deiner Macht geeint,
> meine Bitte helfend strahle
> der Seele, die sie liebend sucht.[13]

Die oben abgedruckte Fassung ist zu sprechen, wenn wir uns allein an einen *einzelnen* Verstorbenen wenden möchten. Wenn wir *mehreren* Verstorbenen anschließend vorlesen möchten, muss gesprochen werden:

> Geister Eurer Seelen, wirkende Wächter,
> Eure Schwingen mögen bringen
> meiner Seele bittende Liebe
> Eurer Hut vertrauten Sphärenmenschen,
> dass, mit Eurer Macht geeint,
> meine Bitte helfend strahle
> den Seelen, die sie liebend sucht.

Wenn wir gemeinsam mit anderen Menschen einem *einzelnen* Verstorbenen vorlesen möchten, muss es lauten:

> Geist Deiner Seele, wirkender Wächter,
> Deine Schwingen mögen bringen
> unserer Seelen bittende Liebe
> Deiner Hut vertrautem Sphärenmenschen,
> dass, mit Deiner Macht geeint,
> unsere Bitte helfend strahle
> der Seele, die sie liebend sucht.

Wenn wir uns zusammen mit weiteren Menschen an *mehrere* Verstorbene wenden möchten, muss gesprochen werden:

> Geister Eurer Seelen, wirkende Wächter,
> Eure Schwingen mögen bringen
> unserer Seelen bittende Liebe
> Eurer Hut vertrauten Sphärenmenschen,
> dass, mit Eurer Macht geeint,
> unsere Bitte helfend strahle
> den Seelen, die sie liebend sucht.

Mit der Formulierung »Geist Deiner Seele, wirkender Wächter« ist natürlich der persönliche Engel des Sphärenmenschen gemeint. Ein solches persönliches Engelwesen – man könnte auch von einem »geistigen Führer« oder »Genius« sprechen – ist *jedem* Menschen zugeteilt. Der Mensch ist seinem Engel anvertraut worden, in dessen Obhut er sich zeit seines Erdenlebens befindet. Auch nachdem der Mensch durch die Pforte des Todes geschritten ist und sich mehr und mehr in die Planetensphären auszudehnen beginnt, also zum Sphärenmenschen wird, bleibt es die Aufgabe seines Engels, ihn zu führen und zu leiten. Der Engel wird seinen ihm anvertrauten Menschen nie verlieren. In ihrem Buch *»Den Tod als Freund erleben lernen«* schreibt Ursula Hausen, Diplom-Psychologin und Priesterin der Christengemeinschaft:

»Er [der Engel] *schaut nicht nur auf das, was geworden ist, was einzelne Ereignisse sind, sondern auf das, was dieser Mensch werden kann, denn er trägt das Urbild des Menschen in sich. Alles, was er tut, hat das Ziel, dass dieses wahre Wesen sich entfalten kann.«*[14]

Rudolf Steiner ergänzte zu diesem Spruch:

> »Ich bemerke, dass solche Sprüche immer von dem Charakter sind, der manchmal dem rein grammatischen Bau Schwierigkeiten macht, dass sie aber eben aus der geistigen Welt heraus gegeben sind zu dem Ziele, dem sie dienen sollen, und es handelt sich darum, dass bei solchen Sprüchen zuweilen die Wortfügung etwas Schwierigkeiten macht.«[15]

Obiger Spruch eignet sich also insbesondere, um bestimmte Fürbitten, Gebete, Gedanken oder dergleichen, die man dem Verstorbenen senden möchte, einzuleiten. Mit diesem wendet man sich also an den führenden Engel und ersucht ihn, die Liebe und die Bitten für den Verstorbenen gewissermaßen zu ihm hinaufzutragen. Der Engel, mit dem wir zusammenarbeiten dürfen, gibt seine Kraft zu unserer Liebe, die wir dem Wesen des Engels hingeben, hinzu.[16]

Es sollte eine möglichst konkrete *Bitte* dem Spruch vorausgehen. Diese muss natürlich realistisch sein und mit dem, was der Verstorbene in den übersinnlichen Welten gemäß den geisteswissenschaftlichen Erkenntnissen erlebt, in Einklang stehen. So könnte man – wenn man ihn etwa im Rahmen einer abendlichen Meditation spricht – beispielsweise darum bitten, dass der Sphärenmensch sich mehr und mehr in sein jetziges Dasein einzuleben versteht, oder dass er die möglichen Leiden im Kamaloka als notwendig und förderlich zu erkennen und zu ertragen vermag, oder dass er die Wesen der höheren Hierarchien und dasjenige, was sie ihm an Kräften und Wohltaten reichen wollen, erkennen und verstehen lernt, o.ä.

Im Kontext unseres Themas, bei dem es um das Vorlesen für unsere teuren Verstorbenen geht, könnte man sinngemäß darum bitten, dass die Sphärenmenschen, die das Vorgelesene empfangen wollen, dieses möglichst gut verstehen und für sich fruchtbar machen können. Diese Bitte kann still, gedanklich geäußert werden. Wenn zu mehreren gelesen wird, *kann* sie auch von einem der Anwesenden laut ausgesprochen werden.

Es kann hilfreich sein, wenn man sich den Engel vorher ganz konkret vorzustellen versucht. Auf die Frage, wie man sich eigentlich einen Engel vorzustellen habe, antwortete Rudolf Steiner einmal ganz lapidar:

> »Tun Sie es einfach! Er wird es schon korrigieren, wenn es fehlerhaft ist.«[17]

2.1.3 Das eigentliche Vorlesen

Sobald wir uns intensiv auf den oder die Verstorbenen eingestimmt und den Meditationsspruch gesprochen haben, können wir mit dem Wesentlichen, dem eigentlichen Vorlesen, beginnen.

Nun könnte man vielleicht annehmen, dass es sich hierbei um das Einfachste handelte. Das ist aber nicht der Fall. Wir müssen bedenken und in vollstem Ernst berücksichtigen, dass ein Toter keine physischen Ohren hat, die ihm ermöglichen könnten, unsere Stimme zu vernehmen. Wie bereits geschrieben wurde, kann er aber sehr wohl unsere Gedanken und Gefühle wahrnehmen (☞ Kapitel 1, S. 28ff.).

Daraus folgt, dass wir *nicht* gedankenlos lesen, wie wir das manchmal machen, wenn wir einem Mitmenschen etwas vorlesen. Es ist von entscheidender Bedeutung, dass wir den gesamten Text – Satz für Satz – *durchdenken* und mit entsprechenden Gefühlen und Vorstellungen durchpulsen. Man könnte von einem »Vordenken« sprechen, so dass die Toten die Gedankeninhalte von uns übernehmen können.

Rudolf Steiner wies in mehreren Vorträgen darauf hin, wie bzw. auf welche Art das Vorlesen erfolgen sollte. Hier wollen wir einige Auszüge zitieren:

> »Wenn wir uns den Toten vorstellen und durch unsere Seele ziehen lassen, gleichsam nur in Gedanken lesend, irgendetwas, was spirituelle Wissenschaft darstellt, dann betrachtet dies der Tote. Er beobachtet dies, er nährt sich durch die unbewusste Nachwirkung der spirituellen Vorstellung, und er lebt auf in seinem eigenen Bewusstsein durch das, was man ihm so vorliest. So müssen wir uns klar sein, dass eine fortwährende Wechselbeziehung ist zwischen der physischen und der geistigen Welt.«[18]

> »Man muss nur die Gedanken wirklich durchdenken. Oberfläche genügt nicht. Wort für Wort muss man die Sachen durchgehen, wie wenn man es innerlich aufsagen würde. Dann lesen die Toten mit.«[19]

> »Das sollte man schon berücksichtigen, dass man den Toten in der ersten Zeit wirklich vordenkt – denn man denkt ihnen vor, ein Vordenken ist gemeint – in der Sprache, die ihre gewohnte Sprache ist.«[20]

»[...] aber man darf nicht in abstrakter Weise denken, sondern muss tatsächlich jeden Gedanken durchdenken: so liest man vor den Toten.«[5]

Somit benötigt man für einen Text, den man einem Toten vorliest, deutlich mehr Zeit, als wenn man ihn nur für sich oder für einen verkörperten Menschen lesen würde.

Während des Lesens sollten wir den Verstorbenen immer im Bilde vor uns haben. Man kann sich ruhig vorstellen, der Tote sitze einem gegenüber.

»[...] immer sich das Bild des Toten recht lebhaft vorstellend.«[21]

Wenn man allein liest, macht es keinen Unterschied, ob man still, also nur gedanklich oder leise liest.

»[...] nicht laut, sondern in Gedanken, während wir zugleich die Toten in Gedanken vor uns haben.«[11]

»Wenn dann die Seelen, die hier zurückgeblieben sind, den Toten sich vorstellen und in Gedanken, durchaus nicht laut, irgendwelche spirituelle Gedankengänge durchgehen oder geisteswissenschaftliche Bücher aufschlagen und in Gedanken lesen, vorlesen dem Toten, den sie sich geistig vor Augen hinstellen, dann vernimmt das der Tote.«[22]

»Man liest dann nicht laut vor, sondern verfolgt mit Aufmerksamkeit die Gedanken, immer mit dem Gedanken an den Toten: der Tote steht vor mir.
Das ist Vorlesen den Toten.«[5]

»[...] dass man sich ein Buch nimmt und ganz in der Stille mit dem Gedanken an den Toten, wie wenn er einem gegenübersitzen würde, ihm vorliest, die Dinge Satz für

Satz durchgeht. Das saugt der Tote mit aller Begierde auf und hat unendlich viel davon.«[6]

✳✳✳✳✳✳✳✳✳✳✳✳✳✳✳✳✳✳✳✳✳

Ähnlich wie das Lesen ist auch unser Denken an eine Sprache gebunden. Unsere Gedanken sind sprachabhängig. Üblicherweise denken wir in unserer Muttersprache oder derjenigen, die wir am besten beherrschen und im Alltag verwenden.

Welche Bedeutung hat das für das Vorlesen bzw. die Gedanken, die wir während des Lesens hegen und die ja von den Verstorbenen empfangen werden? Kann ihnen in einer beliebigen Sprache vorgelesen bzw. vorgedacht werden?

Wie Rudolf Steiner erforschte, haben die Sphärenmenschen in den ersten etwa fünf Jahren nach dem Schwellenübertritt im Wesentlichen nur ein Verständnis für die Sprache, die sie in ihrem Erdenleben gesprochen haben. Somit sollten wir ihnen in dieser Zeit auch nur in der Sprache vorlesen bzw. vordenken, die sie gesprochen haben. Erst danach werden sie von dieser Sprache unabhängig. Dann können sie es auch ›verstehen‹, wenn ihnen in einer beliebigen anderen Sprache vorgelesen bzw. vorgedacht wird.

> »Dabei möchte ich auf das eine Praktische hinweisen, dass der Mensch viele Jahre nach dem Tode, etwa drei bis fünf Jahre, ein Verständnis hat für die Sprache, die er gesprochen hat. Das hört allmählich auf, aber er hat dann noch Verständnis für die spirituellen Gedanken. Es kann dann auch vorgelesen werden in einer Sprache, die der Tote nicht verstanden hat, wenn man sie nur selber versteht. Auf diese Weise werden den Toten große Dienste geleistet.«[23]

»In den ersten Zeiten nach dem Tode ist allerdings eines zu berücksichtigen: da bleibt den Seelen dasjenige verständlich, was in den Sprachen, die sie gewöhnlich gesprochen haben hier auf Erden, erklingt. Und erst nach einiger Zeit werden die Toten von der Sprache unabhängig; dann kann man ihnen in jeder beliebigen Sprache vorlesen; sie vernehmen den Gedankeninhalt. In der ersten Zeit nach dem Tode ist der Mensch auch mit der Sprache verbunden, die er zuletzt gesprochen hat, wenn er ausgesprochenermaßen eine Sprache gesprochen hat. Das sollte man schon berücksichtigen, dass man den Toten in der ersten Zeit wirklich vordenkt – denn man denkt ihnen vor, ein Vordenken ist gemeint – in der Sprache, die ihre gewohnte Sprache ist.«[20]

2.1.4 Abschluss

Nach dem Lesen sollten wir nicht gleich wieder zur Tagesordnung übergehen. Die Andacht bedarf eines würdigen Abschlusses. Wir können uns bei dem oder den Sphärenmenschen bedanken, dass sie bei unserer Andacht zugegen waren, und noch einen Meditationsspruch sprechen.

Man könnte beispielsweise den folgenden zitieren:

> Unsere Liebe sei den Hüllen,
> die Dich jetzt umgeben –
> kühlend alle Wärme,
> wärmend alle Kälte –
> opfernd einverwoben!
> Lebe liebgetragen,
> Licht beschenkt nach oben! [24]

In Abhängigkeit davon, ob man allein oder mit mehreren, ob man sich an einen oder mehrere Verstorbene gewandt hat, müssen die Pronomen (»Unsere« und »Dich«) und das Verb (»Lebe«) entsprechend modifiziert werden.

Mit diesem Spruch wendet man sich an Sphärenmenschen, die gerade ihr Kamalokaleben durchmachen. Es wird ja für die weitaus meisten Verstorbenen, denen wir vorlesen, gelten, dass sie noch im Kamaloka, das im Katholizismus als »Fegefeuer« oder »Purgatorium« bezeichnet wird, weilen.

Wenn man diesen Spruch zitiert, kommt es sehr darauf an, dass man bei den Worten »Wärme« und »Kälte« die richtigen Empfindungen hat. Damit sind natürlich nicht *physische* Wärme und Kälte gemeint, die ein Mensch, der über die Schwelle des Todes geschritten ist, auch gar nicht mehr verspüren kann. Das, was hiermit gemeint ist, könnte man am ehesten mit »Gefühlswärme« und »Gefühlskälte« bezeichnen. Der Verstorbene hat im Kamaloka noch das Verlangen, mit physischen Organen wahrnehmen zu wollen. Diese Organe hat er aber mit seinem physischen Leib abgelegt. Die starken »Hitzeempfindungen«, die er jetzt zeitweise hat, sind die Folge davon, dass er diese Wahrnehmungen nicht mehr haben kann, dass er sie entbehren muss. Auch seine eigenen Begierden, Triebe und Egoismen erlebt er wie eine große Hitze. Sein Wille verlangt noch danach, sich physischer Organe und Werkzeuge zu bedienen, wie er es im Erdenleben gewohnt war. Die Unmöglichkeit, sich nun dieser Organe und Werkzeuge bedienen zu können, führt zu einer weiteren großen Entbehrung, die einem seelischen Kältegefühl gleichkommt. Wenn dem Verstorbenen nun gewahr wird, was er seinen Mitmenschen an Lieblosigkeit entgegengebracht hat, kommt das ebenfalls als eine Kälte-Erfahrung auf ihn zurück. Er lernt verstehen, was diese dadurch erlebten und kann den Entschluss fassen, in seiner nächsten Inkarnation für einen Ausgleich zu sorgen.[25]

Anstelle des obigen Spruches können freilich auch andere, zum Beispiel die im Anhang angegebenen, gesprochen werden (☞ S. 80 bis S. 82).

✱✱✱✱✱✱✱✱✱✱✱✱✱✱✱✱✱✱✱✱✱

Genau wie viele Erdenmenschen neigen auch viele Sphä-renmenschen dazu, sich an andere Menschen zu ›klam-mern‹. Wenn jemand sehr sensitiv ist, kann er es regelrecht spüren, wenn ein Toter nicht loslassen kann und einen zu häufigen Kontakt haben möchte. Das kann sehr belastend sein. Daher ist es, nachdem man die Andacht beendet hat, sehr empfehlenswert, wenn man sich mit dem Verstorbenen wieder ›verabredet‹, indem man ihm etwa sagt, morgen um die gleiche Zeit oder nächsten Samstag um 19 Uhr werde ich mich dir wieder mit ganzer Kraft und Liebe zuwenden. Auch mit einem Toten kann man solche Vereinbarungen treffen, obwohl in seiner Welt natürlich nicht unsere Zeit-verhältnisse gelten.

Ursula Hausen schreibt dazu: »*Man kann, wenn man für ihn gebetet* [bzw. vorgelesen] *hat und vielleicht ein paar persön-liche Worte anschließt, mit der Verabredung enden: ›Und morgen Abend zur gleichen Zeit treffen wir uns wieder! Jetzt gehst du deinen Weg, suche des Christus Gnade. Und ich habe hier meine Arbeit auf der Erde.‹ Das kann man mit ihm gemeinsam üben – zwischendrin lassen wir ganz los und konzentrieren uns auf unsere hier anstehenden Aufga-ben.*«[26]

2.2 Alternative zum Vorlesen

I n dem Zitat auf Seite 47 sprach Rudolf Steiner von einem Vorlesen »mit oder *ohne* Buch«.

In der Tat gibt es zu dem hier beschriebenen Vorlesen noch eine Alternative, die für die Verstorbenen genauso hilfreich und fruchtbar sein kann. So könnten wir einem oder mehre-ren Verstorbenen auch von eigenen Erkenntnissen, die wir uns selbst – im Idealfall durch das Studium der anthroposo-phischen Literatur – angeeignet haben, *erzählen*. Wir könn-ten ihnen also gewissermaßen einen Vortrag halten.

> »Man kann ihm auch seine eigenen Gedanken, die man in sich aufgenommen hat, zutragen; immer sich das Bild des Toten recht lebhaft vorstellend.«[21]

Das Vortragen als Alternative zum Vorlesen mag den Nachteil haben, dass es vielleicht nicht immer gelingt, alles objektiv und ganz korrekt darzustellen. Dafür hat es den großen Vorteil, dass wir, wenn wir etwas mit eigenen Worten vermitteln, zwangsläufig das Thema mehr durchdenken müssen, wodurch der Verstorbene es besser verstehen kann. Dieses Erzählen bzw. Vortragen können wir natürlich auch wieder daheim im ›stillen Kämmerlein‹ machen. Wir könnten es allerdings auch während eines Spazierganges in einer Umgebung, die wenig Ablenkung bietet und in der die Gefahr, gestört zu werden, gering ist, etwa in einem Wald, einem Park oder auf einem Friedhof, durchführen.

2.3 Wie können wir bemerken, ob die Toten zuhören?

Bei allem, was wir im Erdenleben an äußeren Tätigkeiten verrichten, sind wir es gewohnt, ein Ergebnis zu bekommen, an dem wir ablesen können, ob das, was wir gemacht haben, von Erfolg gekrönt war oder nicht. Wenn wir etwa einem *verkörperten* Mitmenschen etwas vorlesen, so sehen wir ihn ganz *konkret* vor uns. Wir können wahrnehmen, ob er uns zuhört. Anhand von Fragen könnten wir anschließend sogar überprüfen, ob er wirklich zugehört und das Vorgetragene verstanden hat.

Das ist natürlich alles nicht möglich, wenn ein Mensch, der nicht hellsichtig ist, einem Verstorbenen vorliest oder vorträgt. Viele Menschen, die zwar nicht hellsichtig, aber sehr sensitiv und vielleicht sogar hellfühlend sind, berichten allerdings, dass sie die Anwesenheit des Verstorbenen dabei deutlich *spüren* konnten. Manche sagen sogar, dass sie das konkrete Gefühl hätten, der Tote säße ihnen gegenüber. Wenn wir das Vorlesen für unsere Toten eine Zeit lang mit wirklicher Hingabe gepflogen haben, *kann* sich dieses Gefühl auch bei uns einstellen. Arie Boogert schrieb:

»Wer jedoch versucht, den Toten einen Dienst zu erweisen, indem er treu und innig die Verbindung mit ihnen aufbaut und pflegt, der kann irgendwann bemerken: Ja, der Verstorbene hört zu. Meine Gedanken beginnen, auf eine andere Weise in meiner Seele zu leben. – Eine eigenartige Wärme breitet sich dann oft beim Vorleser aus.«[27]

Lassen wir Rudolf Steiner zu dieser Frage zu Wort kommen:

»Ja, wie kann man wissen, ob der Tote wirklich zuhören kann? Nun, ohne den hellsichtigen Blick ist es schwierig, das zu wissen, obwohl man sich allmählich, wenn man sich mit dem Andenken an die Toten beschäftigt, von einem Gefühl wird überrascht finden: der Tote hört zu.

Man wird dieses Gefühl nur dann nicht haben, wenn man unaufmerksam ist und auf jene eigentümliche Wärme nicht achtet, die sich oft beim Vorlesen verbreitet. Man kann sich wirklich ein solches Gefühl aneignen. Kann man das aber nicht tun, meine lieben Freunde, so muss gesagt werden, dass in dem Verhalten zur geistigen Welt ja auch in diesem Falle eine Regel zur Anwendung kommen muss, die oftmals berücksichtigt werden muss.

Das ist die Regel:

Ja, wenn wir vorlesen dem Toten, so nützen wir ihm unter allen Umständen, wenn er uns hört! Hört er uns nicht, so erfüllen wir erstens unsere Pflicht, bringen es vielleicht dazu, dass er uns doch hört, sonst aber gewinnen wir wenigstens etwas, erfüllen uns mit Gedanken und Ideen, die ja ganz gewiss Nahrung sein werden für die Toten in der zuerst angedeuteten Weise. Also verloren ist unter allen Umständen nichts. Aber die Praxis hat gezeigt, dass tatsächlich dieses Vernehmen dessen, was vorgelesen wird, von Seiten der Toten etwas außerordentlich Verbreitetes ist, dass ein ungeheurer Dienst geleistet werden kann denjenigen, denen wir in dieser Weise das, was heute an geistiger Weisheit herangezogen werden kann, vorlesen.«[28]

»Wenn jemand fragt, ob man denn immer wissen könne, ob der Tote uns auch zuhöre, so muss gesagt werden, dass auf der einen Seite die Menschen, die so etwas mit wirklicher Hingabe tun, nach einiger Zeit aus der Art, wie die Gedanken in ihrer eigenen Seele leben, die sie dem Toten vorlesen, wirklich merken werden, dass der Tote sie umschwebt.

Aber das ist immerhin eine Empfindung, die nur feiner beobachtende Seelen haben können. Das Ärgste, was passieren kann, ist, dass eine solche Sache, die ein großer Liebesdienst sein kann, eben nicht angehört wird; dann hat man sie für den Betreffenden unnötig gemacht. Vielleicht aber hat sie dann im Weltenzusammenhange noch eine andere Bedeutung. Man sollte sich aber um einen solchen Misserfolg nicht viel kümmern, denn es kommt doch vor, dass man hier einer Anzahl von Menschen etwas vorliest – und sie einem auch nicht zuhören.«[29]

Wir sollten uns also nicht so sehr mit der Frage quälen, ob der oder die Verstorbenen, denen wir vorlesen oder vortragen möchten, der Einladung folgen und wirklich zuhören. Wenn wir uns in der rechten Weise auf sie eingestimmt haben, dürfte es der Normalfall sein, dass sie zugegen sind und das Gehörte dankbar entgegennehmen. Sollte das einmal nicht der Fall sein, so ist unsere Bemühung dennoch nicht vergeblich. Wie bereits erwähnt ist es durchaus wahrscheinlich, dass andere Verstorbene, die wir möglicherweise gar nicht kennen, zuhören, weil sie sonst gar keine Gelegenheit hätten, ihr Interesse an geistigen Erkenntnissen zu befriedigen.

✼ ✼

Sofern ein hellsichtiger Mensch vorliest oder bei dem Vorlesen anwesend ist, schaut es freilich anders aus. Ein solcher kann sehr wohl wahrnehmen, ob ein Verstorbener bzw. welche Verstorbenen zugegen sind und zuhören.

Schon zu Steiners Lebzeiten wurde von etlichen seiner Weggefährten und Anhänger das Vorlesen für die Toten gepflogen.

> »Wir haben viele Beispiele innerhalb unserer spirituellen Bewegung, wo die Angehörigen hingestorben sind und die Zurückbleibenden ihnen vorgelesen und sie gefördert haben. Und die Toten nehmen das, was ihnen geboten wird, mit der innigsten Dankbarkeit an, und es kann sich ein wunderschönes Zusammenleben entwickeln.
>
> Da merkt man, was Geisteswissenschaft in der Praxis bedeuten kann. Geisteswissenschaft ist nicht bloße Theorie; sie soll eingreifen in das Leben, sie soll hinwegnehmen, was sich wie eine Wand auftürmt zwischen Lebenden und Toten; überbrückt wird die Kluft. Wenn man mit der rechten Gesinnung Geisteswissenschaft ins Leben bringt, kann man viel nützen.
>
> Keinen besseren Rat gibt es, als den Toten vorzulesen. Denn es ist eine Eigentümlichkeit, dass wir unmittelbar nach dem Tode nicht neue Beziehungen anknüpfen können, wir müssen die alten fortsetzen.«[30]

Rudolf Steiner war es aufgrund seiner Fähigkeit, intuitiv wahrnehmen zu können, möglich, sich in die Seelen der Verstorbenen hineinzuversetzen, so dass er ihre Empfindungen ganz real miterleben konnte.

> »Wir haben gerade in unserer Bewegung auf diesem Gebiet die allerschönsten Erfolge aufzuweisen dadurch, dass lebendgebliebene Freunde ihren hingestorbenen Angehörigen vorlesen. Man kann oftmals sehen, wie diese Toten lechzen nach dem Vernehmen dessen, was von hier aus zu ihnen hinaufdringt.«[31]

»Einer unserer Freunde wurde vor einiger Zeit, vielleicht nicht einmal vor einem Jahre, zugleich mit seiner Frau, jede Nacht beunruhigt. Sie fühlten eine Beunruhigung. Und da vor kurzer Zeit der Vater des Betreffenden gestorben war, so hatte unser Freund sogleich die Meinung, dass der Vater etwas wolle, sich als Seele bei ihm melde.

Und als unser Freund mit mir zu Rate gegangen war, da stellte es sich heraus, dass der Vater, der im Leben von Geisteswissenschaft nichts wissen wollte, nach dem Tode das lebendigste Bedürfnis hatte, von Geisteswissenschaft etwas zu erfahren.

Und als dann der Sohn mit seiner Frau zusammen den Zyklus über das Johannes-Evangelium, den ich einmal in Kassel gehalten habe, dem Vater vorlas, war diese Seele in hohem Grade befriedigt, fühlte sich über manche Disharmonien, die sie vorher kurz nach dem Tode empfunden hatte, herausgehoben. Das ist in diesem Falle deshalb bemerkenswert, weil die betreffende Seele diejenige eines Predigers war, der seinen religiösen Standpunkt immer und immer vor den Menschen vertreten hat, nach dem Tode aber nur befriedigt sein konnte durch das Mitlesenkönnen einer geisteswissenschaftlichen Auseinandersetzung über das Johannes-Evangelium.

So sehen wir, dass durchaus nicht notwendigerweise derjenige, dem wir helfen wollen, dem wir dienen wollen nach dem Tode, im Leben Anthroposoph gewesen zu sein braucht, obwohl wir natürlich diesem ganz besonders dienen werden, wenn wir ihm vorlesen.«[19]

Kapitel 3

Wie wir unseren Verstorbenen weitere geistige ›Nahrung‹ reichen können

ie Menschen brauchen auch nach dem Tod noch eine ›Nahrung‹ – natürlich eine geistig-seelische Nahrung. Durch das im vorigen Kapitel beschriebene Vorlesen reichen wir ihnen eine besonders wertvolle geistige Nahrung, die für sie von ungeheurem Wert ist.

Wir wollen in diesem abschließenden Kapitel noch zwei weitere wichtige Möglichkeiten betrachten, mit denen wir die Sphärenmenschen geistig ›nähren‹ und ein gewisses Zusammenleben mit ihnen pflegen können.

3.1 Geistiges in Gedanken und Gesprächen bewegen

E s gibt heute unzählige Zeitgenossen, die den ganzen Tag über keine anderen Gedanken bewegen als solche, die sich auf Materielles oder Alltägliches beziehen. Hierbei ist nicht nur an krasse Materialisten zu denken, die alles Geistige leugnen und alle Welterscheinungen folglich als das zufällige Resultat eines ›kosmischen Würfelspiels ohne Spieler‹ betrachten. Auch viele durchaus spirituell oder religiös gesinnte Menschen kommen meistens nicht darüber hinaus, sich den ganzen Tag lang nur mit dem zu beschäftigen, was das gewöhnliche Leben von ihnen fordert.

Wir haben ja schon erläutert, dass die Sphärenmenschen noch ungleich mehr von dem mitbekommen, was sich auf der Erde abspielt und was in den Seelen ihrer Hinterbliebenen vorgeht, als viele Zeitgenossen – selbst solche, die von einem Leben nach dem Tod überzeugt sind, – annehmen. Insbesondere haben sie noch eine sehr deutliche Wahrnehmung der Gefühle und Gedanken, die in den Seelen der Menschen leben, die sich noch im Erdendasein befinden. Wenn also ein Erdenmensch über eine grüne Wiese spazieren geht oder des Nachts den Sternenhimmel betrachtet, so kann der Verstorbene etwa die Freude oder das Staunen, das dieser Mensch dabei erlebt, voll miterleben. Er könnte aber beispielsweise die üblichen naturwissenschaftlichen Vorstellungen, die sich der verkörperte Mensch dabei zu Bewusstsein bringt, nicht wahrnehmen. Der Tote hat überhaupt keine Wahrnehmung mehr für irdische Gedanken, die sich *nur* auf rein Sinnliches und Alltägliches beziehen.

Er kann nur dann an dem Leben seiner lieben Angehörigen noch teilhaben, wenn diese es zumindest hin und wieder zu spirituellen Gedanken und Vorstellungen bringen können. Wenn wir während des Tages über geistige Welten, Wesen und Begebenheiten nachdenken, so ist dies für die Toten von größter Bedeutung. Diese spirituellen Gedanken und Vorstellungen, die in den Seelen der Erdenmenschen leben, können von den Toten ähnlich gut wahrgenommen werden, wie wenn ihnen explizit vorgelesen wird; daran können sie ganz intensiv teilhaben. Gedanken über materielle Dinge sind für sie nicht wahrnehmbar. Es liegt also ganz wesentlich an uns, inwieweit wir unsere lieben Dahingeschiedenen – und natürlich auch alle anderen Verstorbenen – noch an unserem Leben teilnehmen lassen möchten.

Wenn die Angehörigen eines Verstorbenen *niemals* geistige Wahrheiten gedanklich bewegen würden, so könnte er an ihrem Leben nicht mehr teilhaben, sie wären für ihn wie ausgelöscht. Um an ihrem Dasein wieder Anteil haben zu können, müsste er warten, bis diese auch die Schwelle des Todes überschritten haben.

> »Und wenn wir heute schon mit dem hellsichtigen Blick zuweilen Menschen finden in dem Leben zwischen Tod und einer neuen Geburt, die das Unglück erleben, dass

diejenigen, die sie gekannt haben, auch die Nächststehenden, nur materialistische Gedanken haben, dann erkennen wir die Notwendigkeit des Durchsetzens der Erdenkultur mit geistigen, spirituellen Gedanken.

Wenn man so kennenlernt zum Beispiel einen Menschen, der vor einiger Zeit gestorben ist, wenn man ihn findet in der geistigen Welt, und man hat ihn gekannt, als er hier auf Erden lebte, und er hat gewisse Glieder seiner Familie zurückgelassen, die man auch kannte, seine Frau, Kinder – im äußern Sinne gute Menschen, die einander wirklich liebten –, und dann findet man jetzt mit dem hellsichtigen Blick den Vater, der dahingestorben ist, dem die Gattin vielleicht wie eine Art Lebenssonne war, wenn er im Leben nach Hause kam von der schweren Arbeit, dann findet man, dass er, weil diese Gattin keine spirituellen Gedanken im Kopf und im Herzen haben kann, nicht in die Seele dieser Gattin hineinschauen kann, und dass er fragt, wenn er dazu in der Lage ist: Ja, wo ist denn meine Gattin? –

Er sieht nur zurück in die Zeit, in der er auf Erden mit ihr vereint war. Da wo er sie aber am meisten sucht, weiß er sie nicht zu finden. Das kann auch passieren.

Es gibt ja heute schon viele Menschen, welche gewissermaßen glauben, dass der Tote eben in eine Art von Nichts eingegangen sei, die nur mit ganz materialistischem Denken, nicht mit einem fruchtbaren Gedanken an den Toten denken können. Bei diesem Hinschauen auf die Gebiete des Lebens zwischen dem Tode und einer neuen Geburt, auf jemanden, von dem man weiß: Er ist noch unten auf der Erde, er hat einen lieb gehabt, aber er verbindet damit nicht den Glauben an die Fortdauer der Seele nach dem Tode, da kann allerdings, gerade in dem Augenblicke nach dem Tode, wo man die meiste Aufmerksamkeit darauf richtet – durch dieses Hinschauen-Wollen auf den Lebenden, den man geliebt hat –, aller Blick ersterben.

> Und man kann nicht finden den noch Lebenden, kann mit ihm in keinen Zusammenhang kommen, von dem man aber weiß, dass er da sein könnte, wenn in der Seele des Lebenden da unten spirituelle Gedanken wären.
>
> Das ist ein häufiges, schmerzliches Erlebnis für die Toten.«[1]

Man muss sicherlich nicht Tag für Tag Gedanken über große geisteswissenschaftliche Erkenntnisse wälzen. Darum geht es gar nicht so sehr. Wir sollten uns aber beispielsweise immer wieder einmal klarmachen, dass wir aus einer geistigen Sphäre stammen, dass wir einen geistig-seelischen Wesenskern in uns tragen, der unsterblich ist. Wir sollten des Öfteren ein Gefühl der Ewigkeit, der Ungeborenheit und der Unsterblichkeit, in uns rege machen. Auch unseren Schutzengel, der immer in unserer Nähe ist, sollten wir viel öfter in unser Bewusstsein heben. Wir sollten auch ein wenig lernen, zwischen den ›Zeilen des Lebens‹ zu ›lesen‹. Was könnte uns Tag für Tag alles geschehen, wenn wir irgendetwas geringfügig anders gemacht hätten, als wir es dann letztlich tatsächlich gemacht haben. Wenn uns also beispielsweise ein gewisses Gefühl oder ein merkwürdiger Impuls veranlasst, von einer geplanten Handlung Abstand zu nehmen oder sie zeitlich zu verschieben, so sollten wir uns bewusst machen, dass uns dadurch möglicherweise etwas Schlimmes erspart bleiben konnte. Dadurch können wir den Toten, die in dieser Sphäre der möglichen Ereignisse weben, besonders nahe sein. Vielleicht war es sogar ein uns nahestehender Verstorbener, der uns diesen Impuls gegeben hat. Dadurch gewinnen wir im Laufe der Zeit aber auch ein ganz konkretes Gespür dafür, wie das Karma wirkt und waltet.

Besonders förderlich und fruchtbar kann es für die Verstorbenen sein, wenn sich ihre Angehörigen oder Freunde des Öfteren versammeln und in ihren Gesprächen spirituelle Themen bewegen. Sigwart sprach mehrmals darüber, wie segensreich es für ihn immer war, wenn seine Geschwister und Freunde sich gemeinsam über geisteswissenschaftliche Themen austauschten.

»Ich hörte eure Gespräche gestern Abend. Wie ist das schön, wenn ihr zusammen seid und geistige Fragen erörtert. Ich antworte euch dann – oft vernehmt ihr es, aber leider auch manchmal nicht. Ich kann sehen, wie ungemein lehrreich für jeden von euch diese Stunde ist, weil ich bei jedem einzelnen die Wirkung fühle. Es ist nicht nur unser Kreis, der dann beisammen ist, sondern eine Menge anderer schließen sich an, die auch ihre Meinungen austauschen, sich, mich und euch begleiten. Wenn ihr fortsetzt, immer um die gleiche Zeit geistige Dinge zu lesen und euch mit übersinnlichen Fragen zu beschäftigen, kann sich eine gewaltige Kraft in der Zukunft entwickeln, weil immer höhere Wesenheiten daran teilnehmen, die euch beeinflussen und euch auf diese Art die schwierigsten Fragen lösen.«[2]

»Ich durchschaue vieles, aber ich weiß noch längst nicht alles, ich habe aber den intensiven Wunsch, weiter zu kommen. Dieses Wünschen hilft hier natürlich viel mehr als auf Erden im physischen Körper, da man viel aufnahmefähiger ist. Aber sonst ist man eben doch noch genau wie auf Erden. Wenn ihr mit geistig hochstehenden Menschen Fragen über die übersinnliche Welt erörtert, profitiere und lerne ich auch bei euch manches, was ich hier nicht erfahre. [...] Es ist der größte Irrtum zu denken, dass der Mensch vollkommen ist, wenn er seinen Körper abgestreift hat.

Eure Gespräche, zum Beispiel heute, haben mir genauso viel geholfen wie euch, ja vielleicht noch mehr, weil ich mit meinen jetzigen Sinnen rascher erfasse und aufnehme, während das menschliche Gehirn doch oft sehr langsam funktioniert. Darum müsst ihr begreifen, dass ich glücklich bin, wenn ihr mit solchen Menschen wie heute zusammen kommt, weil ich dann auch viel lernen kann und euch während dieser Zeit viel näher stehe als im gewöhnlichen Leben, wenn ihr euch mit gleichgültigen Dingen beschäftigt.«[3]

3.2 Verbindung mit den Toten während des Schlafes

D ie schlafenden Menschen stellen in gewisser Weise das ›Saatfeld‹ für die Toten dar. Diese eilen gleichsam zu den Seelen der schlafenden Menschen hin, mit denen sie im Erdenleben verbunden waren, und suchen in ihnen nach den Gedanken, Ideen und Vorstellungen, mit denen sie sich nähren können. Wie wir schon wissen, können die entkörperten Seelen materielle Gedanken, Ideen und Vorstellungen nicht wahrnehmen. Wenn die Lebenden es also tagsüber und insbesondere kurz vor dem Einschlafen nur zu solchen bringen könnten, müssten die Verstorbenen regelrecht ›verhungern‹. Rudolf Steiner sagte dazu:

> **»Oh, es hat etwas Erschütterndes, wenn man den hellsichtigen Blick richtet auf hingestorbene Menschen, die allnächtlich zu den schlafenden Zurückgebliebenen kommen – wir müssen da sowohl die Freunde als auch besonders die Blutsverwandten in Betracht ziehen – und wollen sich gleichsam laben, nähren an den Gedanken und Ideen, die diese mit in den Schlaf genommen haben – und finden nichts, was für sie nahrhaft ist. [...]**
> **Wenn wir den ganzen Tag über uns nur beschäftigen mit den materiellen Ideen des Lebens, wenn wir die Blicke nur richten auf dasjenige, was in der physischen Welt vor sich geht und dort verrichtet werden kann, und wenn wir nicht einmal vor dem Einschlafen einen Gedanken haben an die geistigen Welten [...], so bieten wir keine Nahrung für die Toten.«**[4]

Wenn wir nachts einschlafen, so beginnen die Gedanken, Ideen und Vorstellungen, die wir tagsüber in unserem Bewusstsein hatten, zu leben; sie **»werden gleichsam lebendige Wesen«**.[4] Wenn die Toten, die nun an unsere Seelen herantreten, spirituelle Gedanken und Ideen, die wir mit in den Schlaf hineingenommen haben, finden können, so werden diese für sie regelrecht zur Nahrung, zu einer Kraftquelle, zum Lebenselixier. Insbesondere für die Seelen derjenigen Verstorbenen, die sich im Erdenleben nicht mit spirituellen Themen befasst haben, können diese zu einem großen Labsal werden. Auch auf diese Art können sie noch geistige Erkenntnisse erwerben, die sie sich im Erdendasein anzueignen versäumt haben.

In den Augenblicken kurz vor dem Einschlafen und kurz nach dem Aufwachen sind uns unsere lieben Verstorbenen so nah wie sonst nur ganz selten. Gerade in diesen Momenten sollten wir uns dazu aufschwingen, ihnen zumindest einige Gedanken der Liebe und des Dankes zu schicken. Für die Verstorbenen ist es von größter Bedeutung, wenn insbesondere diejenigen Menschen, mit denen sie ein gemeinsames Erdenleben verbringen durften, darüber hinaus spirituelle Gedanken und Vorstellungen mit in den Schlaf hinübertragen. Nun muss man aber wohl zugeben, dass es nicht immer leicht fällt, sich vor dem Einschlafen mit spirituellen Gedanken und Empfindungen zu durchdringen, selbst wenn man sich das ernsthaft vorgenommen haben sollte. Zu sehr fordern noch die vielen kleinen und großen Probleme und alltäglichen Sorgen, die uns den Tag über beschäftigt haben, ihr Recht. Es bedarf schon einer gehörigen Willenskraft, diesen Gedanken nicht die Oberhand zu überlassen.

In den 1960er-Jahren gab es einen Schlager mit dem Titel *»Ohne Krimi geht die Mimi nie ins Bett«*. In der Tat pflegen auch oder gerade heute viele Zeitgenossen vor dem Zubettgehen ein Buch zu lesen oder einen Film zu schauen, der sie aufwühlt. Diese Gedanken und Gefühle, die man dann mit in den Schlaf nimmt, sind gewiss nicht geeignet, dass uns die Toten finden.

> **»Dagegen Gedanken, Vorstellungen, welche hervorgehen aus dem Erfühlen eines besonderen Interesses, das uns vereinigt hat im Leben mit dem Toten, diese Gedanken sind geeignet, zum Toten hinüberzugehen. Erinnern wir uns an den Toten so, dass wir nicht bloß mit abstrakten**

Gedanken, mit kalten Vorstellungen an ihn denken, sondern einen Moment in unsere Seele rufen, wo wir an seiner Seite warm geworden sind, wo uns das, was er sagte, nicht nur Mitteilung war, sondern etwas Liebes war, erinnern wir uns eben derjenigen Momente, die wir mit dem Toten verbracht haben in einer Gefühlsgemeinschaft, in einer Gemeinschaft auch der Willensimpulse, erinnern wir uns solcher Momente, wo wir mit dem Toten zusammen dies oder jenes unternommen, beschlossen haben, was uns beiden wert ist, was uns beide geführt hat zu einer gemeinsamen Handlung, kurz, an irgendetwas, was die Herzen zusammenklingen ließ, machen wir dieses Zusammenklingen der Herzen lebendig, dann färbt das den Gedanken an den Toten so, dass der Gedanke zu ihm hinüberströmt im Momente des nächsten Einschlafens.

Ob man diesen Gedanken um neun Uhr, um zwölf Uhr, um zwei Uhr hat, der ganze Tag kann uns irgendwelche Zeit geben, um diesen Gedanken zu haben, er bleibt und geht im Momente des Einschlafens zum Toten.

Im Momente des Aufwachens können wir von dem Toten wieder Antwort, Mitteilung, Botschaften bekommen. Das braucht nicht gerade im Moment des Aufwachens, wenn man nicht darauf achten kann, an unsere Seele heranzutreten, sondern es kann im Laufe des Tages irgendwie aus unserer Seele heraufkommen in Form irgendeines Einfalles [...].«[5]

Während des Schlafes befinden wir uns in den übersinnlichen Welten, also in den Sphären, in denen die Verstorbenen und die geistigen Wesen der höheren Hierarchien weben und wesen. Der Schlaf vereinigt uns ganz konkret mit ihnen. Auch Sigwart sprach seinen Geschwistern davon, dass sie nachts, wenn sie schlafen, mit ihm vereint seien:

»Als ich heute Nacht bei euch war, habe ich gesehen, wie nahe verwandt das Einschlafen mit dem Sterben ist. Die

Materie hängt nur mit einem Faden an dem Geiste, und dieser ist so glücklich, frei zu sein. Ganz wie im Erdenleben verkehren wir dann zusammen, und ich erzähle euch viel. Aber ihr dürft den Augenblick nicht versäumen, wo ihr zurück müsst in den physischen Leib. Das alles geht nach genauen Gesetzen, die die Menschen automatisch erfüllen. Bei eurem Erwachen ist der Geist wieder ganz erdgebunden, und ihr wisst nichts mehr von unserem Zusammensein, auch wenn ihr euch jedes Mal vornehmt, eine Erinnerung daran zu haben.«[6]

In diesen übersinnlichen Welten haben wir während des Schlafes mannigfaltige Erlebnisse, die zu Lebzeiten die Bewusstseinsschwelle nicht überschreiten. Erst nach unserem Tod werden uns diese Erlebnisse bewusst, wenn wir noch einmal unser ganzes Erdendasein durchleben. Das Wissen und Bewusstmachen dieser Tatsachen kann uns schon in die richtige Stimmung versetzen, die für die Toten ein guter Nährboden sein kann. Die Toten ziehen ihre Nahrung aus den Vorstellungen, den Empfindungen und Gefühlen, welche die verkörperten Menschen in den Schlaf hinübertragen. Wenn die Erdenmenschen erfüllt von geistigen Vorstellungen in den Schlaf gehen, können die Toten daraus für lange Zeit Lebenskraft ziehen.

>»**Für die Toten ist es wichtig, dass diejenigen, mit denen sie auf Erden in Verbindung gestanden haben, allabendlich in die Welt des Schlafes hinein mitnehmen Gedanken an die spirituelle Welt. Je mehr wir Gedanken an die spirituelle Welt hineinnehmen in den Schlaf, desto Besseres leisten wir für diejenigen, die uns hier im Leben persönlich bekannt waren oder mit uns in irgendwelchen Beziehungen gestanden haben und vor uns hinweggestorben sind.«**[7]

Rudolf Steiner wies auf die »Heiligkeit« des Schlafes hin und empfahl, folgende Gedanken vor dem Einschlafen in sich rege zu machen:

»Ich schlafe ein. Bis zum Aufwachen wird meine Seele in der geistigen Welt sein. Da wird sie der führenden Wesensmacht meines Erdenlebens begegnen, die in der geistigen Welt vorhanden ist, die mein Haupt umschwebt, da wird sie dem Genius [Schutzengel] begegnen. Und wenn ich aufwachen werde, werde ich die Begegnung mit dem Genius gehabt haben. Die Flügel meines Genius werden herangeschlagen haben an meine Seele.«[8]

Es gibt im Übrigen noch eine besondere Geisteshaltung bzw. ein besonderes Lebensgefühl, das wir in uns wachrufen können und das uns ganz grundsätzlich und besonders tief mit den Verstorbenen auch während unseres wachen Tageslebens verbindet. Man könnte es als »erwartungsvoll leben« bezeichnen. Diese Gesinnung weisen wir auf, wenn wir verinnerlicht haben, dass jeder Tag uns Neues, noch nie Dagewesenes, noch nie Erlebtes bringen, dass wir jeden Tag etwas völlig Neues wahrnehmen und lernen können. Auf diese Weise leben wir in einer ›Sphäre‹, die uns mit den Verstorbenen verbindet, die in den höheren Welten permanent neue und völlig ungewohnte Erfahrungen und Erlebnisse haben. Arie Boogert drückte es wie folgt aus:

»Wer so innerlich das Gefühl hat, nie ausgelernt zu haben, und dem Leben mit Erwartungen entgegensieht, der findet auch den Zugang zu den Verstorbenen, und diese zu ihm. Denn beide verbindet dann ein lebendiges Gefühl für das Unbekannte, Niegesehene, ein Wissen um Geheimnisse, die noch nicht enträtselt sind.«[9]

Wir möchten zum Schluss noch eine Empfehlung geben:
Es ist gewiss eine schöne Übung, wenn wir unmittelbar vor dem Einschlafen unseren Verstorbenen liebende Gedanken senden und ein Gebet – zum Beispiel das Vaterunser –

sprechen. Wir können das ›normale‹ Vaterunser, aber auch das von Rudolf Steiner gegebene sogenannte »esoterische Apostel-Vaterunser« (☞ Anhang, S. 83), das er selbst immer gesprochen hat, wählen. Insbesondere in den letzten Wochen vor seinem Tod hat er es jeden Abend um 18 Uhr gemeinsam mit seiner treuen Weggefährtin und ihn auf seinem Krankenlager aufopferungsvoll pflegenden Ärztin Ita Wegman gebetet.

Alternativ oder zusätzlich zu dem Gebet können wir noch einen der vielen Meditationssprüche, die Rudolf Steiner uns geschenkt hat, zitieren. Im Anhang (☞ S. 81 bis S. 82) haben wir einige aufgelistet, die besonders in Frage kommen.

Nicht nur, aber insbesondere für einen Verstorbenen, der sich mit der »Menschenweihehandlung«, dem Gottesdienst in der »Christengemeinschaft«, verbunden hat, können auch Wortlaute der Weihehandlung – zum Beispiel das Credo oder die Zeitengebete – gewählt werden (☞ Anhang, S. 84f.).

Wir dürfen uns ganz sicher sein, dass unsere lieben Sphärenmenschen das wahrnehmen und es dankbar entgegennehmen.

Anhang

Meditationssprüche für Verstorbene

Aus der Vielzahl der Meditationssprüche, die Rudolf Steiner für Verstorbene gegeben hat, haben wir im Folgenden einige aufgelistet. Wenngleich er viele dieser Sprüche ganz bestimmten Menschen gab, dürften sie einen durchaus allgemeingültigen Charakter haben.

Jeder möge sich den oder die Sprüche wählen, die ihn besonders ansprechen.

Wenn man sich mit diesen Sprüchen, die man auch als Gebete bezeichnen kann, an *mehrere* Sphärenmenschen wenden möchte, müssen bei der Anrede jeweils die *Plural*formen verwandt werden.

Meine Liebe sei Dir im Geistgebiet.
Lasse finden Deine Seele
Von meiner suchenden Seele.
Lasse lindern Deine Kälte
Und lindern Deine Wärme
Von meinem Denken Deines Wesens.
So seien wir verbunden,
Ich mit Dir
Und Du mit mir.[1]

Dir sei gesandt
meine Liebe so wie sie war
als du hier mit mir warst.
Sie lindre deine Wärme,
sie lindre deine Kälte,
dass du findest den Weg
aus dem Seelen- ins Geistgebiet.[2]

Meine Seele folge dir in Geistgebiete,
Folge dir mit jener Liebe,
Die sie hegen durfte im Erdgebiete
Als mein Auge dich noch schaute,
Lindre dir Wärme, lindre dir Kälte,
Und so leben wir vereint
Ungetrennt durch Geistestore.[3]

Deine Seelenaugen mögen schauen
In meiner Gedanken tiefere Kraft.
Es ist so mein Wille.
Möge er treffen deinen Willen
In der Kraft des Vaters
In der Gnade des Christus
In dem Lichte des Geistes.[4]

Es strebe zu dir meiner Seele Liebe,
Es ströme zu dir meiner Liebe Sinn.
Sie mögen dich tragen,
Sie mögen dich halten
In Hoffnungshöhen,
In Liebessphären.[5]

Ich war mit euch vereint,
Bleibet in mir vereint.
Wir werden zusammen sprechen
In der Sprache des ewigen Seins.
Wir werden tätig sein
Da, wo der Taten Ergebnis wirkt,
Wir werden weben im Geiste
Da, wo gewoben werden Menschen-Gedanken
Im Wort der ew'gen Gedanken.[6]

Der letzte Spruch, der hier vorgestellt werden soll, ist von einer ganz herausragenden Bedeutung. Er wendet sich *besonders* an Menschen, die schon vor längerer Zeit die Pforte des Todes durchschritten haben. Er bezieht in seinen drei Sätzen ausdrücklich alle geistigen Wesen der höheren Hierarchien mit ein, die hier explizit mit ihren griechischen bzw. hebräischen Namen angesprochen werden. Mit diesen erhabenen Wesen kommen die Sphärenmenschen immer mehr zusammen. Dieser Spruch handelt davon, wie die geistigen Wesen der dritten Hierarchie das Schicksalsnetz bzw. die Schicksalsfäden des Menschen aufnehmen, wie diese es später in den Bereich der Wesen der zweiten Hierarchie hintragen, die wiederum umfangen werden von den Wesen der höchsten Hierarchie, in deren Tatenwesen, also in das Tun der Throne, Cherubim und Seraphim das irdische Tun des Menschen aufgenommen wird.

> »Und wir verrichten als Menschen ein gutes, ein schönes, ein herrliches Gebet, wenn wir über den Zusammenhang des Lebens mit dem Tode oder über einen Verstorbenen so denken, dass wir sagen:«[7]

Es empfangen Angeloi, Archangeloi, Archai
im Ätherweben
das Schicksalsnetz des Menschen.

Es verwesen in Exusiai, Dynamis, Kyriotetes
im Astralempfinden des Kosmos
die gerechten Folgen des Erdenlebens des Menschen.

Es auferstehen in Thronen, Cherubim, Seraphim
als deren Tatenwesen
die gerechten Ausgestaltungen des Erdenlebens des Menschen.[7]

Das esoterische Apostel-Vaterunser

Vater, der du warst, bist und sein wirst in unser aller innerstem Wesen!

Dein Wesen wird in uns allen verherrlicht und hochgepriesen.

Dein Reich erweitere sich in unseren Taten und in unserem Lebenswandel.

Deinen Willen führen wir in der Betätigung unseres Lebens so aus, wie du, o Vater, ihn in unser innerstes Gemüt gelegt hast.

Die Nahrung des Geistes, das Brot des Lebens, bietest du uns in Überfülle in den wechselnden Zuständen unseres Lebens.

Lasse Ausgleich sein unser Erbarmen an anderen für die Sünden an unserem Wesen begangen.

Den Versucher lässt du nicht über das Vermögen unserer Kraft in uns wirken, da in deinem Wesen keine Versuchung bestehen kann; denn der Versucher ist nur Schein und Täuschung, aus der du, o Vater, uns durch das Licht deiner Erkenntnis sicher herausführen wirst.

Deine Kraft und Herrlichkeit wirke in uns in die Zeitläufe der Zeitläufe.[8]

Anmerkung:

Das esoterische Apostel-Vaterunser ist in verschiedenen, leicht voneinander abweichenden Fassungen überliefert.

Wortlaute der Menschenweihehandlung

Das trinitarische Zeitengebet

Im Bewusstsein unserer Menschheit
erfühlen wir den göttlichen Vater.
Er ist in allem, was wir sind.
Unsere Substanz ist seine Substanz.
Unser Sein ist sein Sein.
Er geht in uns durch alles Dasein.

Im Erleben des Christus in unserer Menschheit
erfühlen wir den göttlichen Sohn.
Er waltet als das Geist-Wort durch die Welt.
Er schafft in allem, was wir schaffen.
Unser Wesen ist sein Schaffen.
Unser Leben ist sein schaffendes Leben.
Er schafft durch uns in allem seelischen Schaffen.

Im Ergreifen des Geistes durch unsere Menschheit
erfühlen wir den heilenden Gott.
Er leuchte als das Geist-Licht durch die Welt.
Er leuchte in allem, was wir schauen.
Unser Schauen sei durchtränkt von seinem Geist-Lichte.
Unser Erkennen nehme er wohlgefällig
in sein geistleuchtendes Leben auf.
Er durchgeistige alles Walten unserer Menschenseele.[9]

Ein allmächtiges geistig-physisches Gotteswesen ist der
Daseinsgrund der Himmel und der Erde, das väterlich
seinen Geschöpfen vorangeht.

Christus, durch den die Menschen die Wiederbelebung
des ersterbenden Erdendaseins erlangen, ist zu diesem
Gotteswesen wie der in Ewigkeit geborene Sohn.

In Jesus trat der Christus als Mensch in die Erdenwelt.

Jesu Geburt auf Erden ist eine Wirkung des Heiligen
Geistes, der, um die Sündenkrankheit an dem Leiblichen
der Menschheit geistig zu heilen, den Sohn der Maria
zur Hülle des Christus bereitete.

Der Christus Jesus hat unter Pontius Pilatus den Kreuzestod
erlitten und ist in das Grab der Erde versenkt worden.

Im Tode wurde er der Beistand der verstorbenen Seelen, die
ihr göttliches Sein verloren hatten.

Dann überwand er den Tod nach dreien Tagen.

Er ist seit dieser Zeit der Herr der Himmelskräfte auf
Erden und lebt als der Vollführer der väterlichen Taten
des Weltengrundes.

Er wird einst sich vereinen zum Weltenfortgang mit denen,
die er durch ihr Verhalten dem Tode der Materie entreißen
kann.

Durch ihn kann der heilende Geist wirken.

Gemeinschaften, deren Glieder den Christus in sich
fühlen, dürfen sich vereinigt fühlen in einer Kirche,
der alle angehören, die die heilbringende Macht des
Christus empfinden.

Sie dürfen hoffen auf die Überwindung der Sündenkrankheit,
auf das Fortbestehen des Menschenwesens und auf ein
Erhalten ihres für die Ewigkeit bestimmten Lebens.[10]

Sigwarts Mitteilungen aus der geistigen Welt

Wir haben an einigen Stellen dieses Buches Mitteilungen zitiert, die Botho Sigwart August Graf zu Eulenburg, den wir der Kürze wegen immer nur »Sigwart« genannt haben, nach seinem Tod aus der geistigen Welt gegeben hat.

Sigwart, der im Jahre 1884 geboren wurde, hatte eine große musikalische Begabung. Schon in seiner Kindheit schrieb er Lieder nach dem Gehör auf. Er komponierte selbst und verstand es, am Klavier zu improvisieren, oft auch wenn der Kaiser zu Besuch weilte. Als junger Mann starb er am 2. Juni 1915, drei Wochen nach einer schweren Verwundung, die er sich im 1. Weltkrieg zugezogen hatte.

Mit seinen geliebten Geschwistern blieb er auch nach seinem Tod in enger Verbindung. In der Zeit von Juli 1915 bis Februar 1950 gab er ihnen – anfangs fast täglich – ›Mitteilungen‹ aus der übersinnlichen Welt. Er berichtete ihnen, wie es ihm erging und was er alles wahrnahm und erlebte. Da ihn mit seinen Schwestern ein enges Band der Liebe verband und da insbesondere seine Schwester Augusta, genannt Lycki, über eine große geistige Wachheit und Klarheit verfügte, konnte sie seine Worte ›hören‹ und gleichzeitig aufschreiben.

Als Sigwart einmal den Gedanken seiner Schwester wahrnehmen konnte, *wie* das funktioniere, sagte er in einer Mitteilung: *»Denke nicht, dass ich deine Hand führe, ich halte sie, aber ich schiebe sie nicht. Ich sage dir jeden Satz vor, den du dann aufschreiben musst, so ist der Vorgang meiner Übermittlung.«*[11]

Die Familie zu Eulenburg war mit Rudolf Steiner persönlich bekannt. Sigwart studierte dessen Grundwerke und besuchte einige seiner Vorträge. Die Geschwister legten Sigwarts Mitteilungen Rudolf Steiner vor, der diese mehrere Wochen behielt sowie ernst und gewissenhaft prüfte. *»Er* [Rudolf Steiner] *erklärte sie als völlig authentisch und von unge-*

wöhnlichem Niveau. Er war selbst so interessiert gewesen, dass er bat, auf dem Laufenden gehalten zu werden.«[12]

Aufgrund dieses Urteils Rudolf Steiners halten wir Sigwarts Mitteilungen für seriös und wertvoll.

Auch nach 1950 sprach Sigwart noch zu besonderen Anlässen mit seinen Schwestern. Mit dem Tod von Lycki und Tora sowie seiner Schwägerin Marie in den 1960er Jahren endete diese Verbindung, da niemand in der Familie oder im Kreise der Freunde in der Lage war, den Kontakt zu Sigwart aufrecht zu erhalten oder neu aufzubauen. Erst rund 70 Jahre später wurden diese Aufzeichnungen in Buchform unter dem Titel *»Brücke über den Strom – Sigwarts Mitteilungen aus dem Leben nach dem Tod«* veröffentlicht.

Sigwarts Mitteilungen unterscheiden sich aus zwei Gründen ganz wesentlich von den Botschaften, welche die meisten Verstorbenen über ein ›gewöhnliches‹ Medium geben.

Zum einen befasste sich Sigwart zu Lebzeiten sehr intensiv mit spirituellen Themen. Auch die Anthroposophie war ihm vertraut. Zum anderen waren seine ebenfalls höchst spirituell gesinnten Geschwister, insbesondere Lycki, geistig sehr wach und sogar ›hellhörig‹, so dass sie seine Kundgebungen inspirativ empfangen konnte, ohne dass sie in Trance fiel. Somit kam es auch nicht zu den ansonsten üblichen Verzerrungen und Verfälschungen des Mitgeteilten.

Nachdem Sigwart schon etliche Mitteilungen gemacht hatte, erklärte er seinen Geschwistern, wie er von hohen Geistwesen die Erlaubnis für diesen Verkehr erhielt und wie sich seine Kundgebungen von den gewöhnlichen Geisterkundgebungen, die über ein Medium vermittelt werden, unterscheiden: *»Ihr müsst wissen, dass ich alle Kundgebungen, die im Allgemeinen von Verstorbenen gegeben werden, für sehr gefährlich halte. Sie bringen oft vom Wege ab, wenn sie auch echt sind. Denn wie selten ist ein Berufener darunter. Sowie ein Geist eine gewisse Stufe erreicht hat, wird er nie große Mitteilungen an Menschen geben, außer er hat die*

Erlaubnis von seinen Meistern bekommen. Auch ich habe im Anfang über alles geschrieben und nicht erst gefragt. Dann trat der Augenblick ein, wo meine Mitteilungen normalerweise aufgehört hätten. Da kam für mich die Prüfzeit, ob man mich für würdig genug hielte, in eine andere Art Verkehr mit euch zu treten und auch, ob ihr reif dazu wäret. Das waren schwere Zeiten für mich, als ich das nicht wusste und nun plötzlich vor der Entscheidung stand.

Als diese nun für beide Teile günstig ausgefallen war, begann der vollkommen andere Verkehr zwischen uns. Ihr werdet es wohl kaum so gemerkt haben, aber es wurde von da an etwas fast Heiliges, Hohes, das wirklich nur selten stattfindet. Die ersten Male, als ich unter höherer Kontrolle schrieb, war wie eine Art Vorführung vor unendlich vielen anderen Geistwesen, meist höherer Stufen. Ihr könnt euch nicht vorstellen, wie ernst das alles genommen wurde. Mir ist es die ersten Male sehr schwer geworden, und doch durfte ich den Faden dabei nicht verlieren. Eine ungeheure Willensanstrengung bedeutete dieses erste höhere, geistige Mitteilen für mich. Dann wurde alles für richtig und gut befunden. Ich durfte in dieser Art weiter mit euch in direkter Verbindung bleiben. Doch von da ab wurden uns strenge Grenzen gezogen; wenn ich darüber hinausgegangen wäre, hätte ich alles verspielt.

Das musste ich euch doch einmal sagen, damit ihr den Verkehr zwischen mir und euch nicht mit gewöhnlichen Geisterkundgebungen verwechselt.«[13]

Sigwarts Mitteilungen sind die umfangreichsten, beeindruckendsten und authentischsten Kundgebungen eines *Verstorbenen*, die uns bekannt sind. Da er bereits auf einer sehr hohen Stufe seiner geistig-seelischen Entwicklung stand, kam er schon nach wenigen Jahren in die höheren Sphären der übersinnlichen Welt. Einem Durchschnittsmenschen erschließen sich diese Sphären erst nach Jahrzehnten, bisweilen gar erst nach Jahrhunderten.

Quellennachweis

Bei den Werken Rudolf Steiners sind hier die offiziellen Nummern der Gesamtausgabe (GA-Nr.) verwendet worden. Die kompletten Angaben zu allen Werken, soweit sie für dieses Buch relevant waren, finden Sie im Literaturverzeichnis.

Vorspann und Vorwort

1 Steiner, GA 179, S. 56
2 Steiner, GA 238, S. 72

Kapitel 1 (Warum und was wir den Toten vorlesen sollten)

1 Steiner, GA 97, S. 31
2 Steiner, GA 183, S. 160f.
3 von Engelhardt, S. 20
4 von Engelhardt, S. 90
5 von Engelhardt, S. 157
6 von Engelhardt, S. 231
7 Steiner, GA 141, S. 154ff.
8 Steiner, GA 140, S. 149f.
9 Steiner, GA 140, S. 211
10 von Engelhardt, S. 213
11 von Engelhardt, S. 127
12 Steiner, GA 141, S. 55f.
13 Steiner, GA 183, S. 161
14 Boogert, S. 166
15 Steiner, GA 261, S. 19
16 Steiner, GA 140, S. 338
17 Steiner, GA 140, S. 133f.
18 Steiner, GA 140, S. 322
19 Steiner, GA 159, S. 335f.
20 Boogert, S. 169
21 Steiner, GA 140, S. 334
22 vgl. Steiner, GA 140, S. 335
23 Steiner, GA 141, S. 56f.
24 Steiner, GA 140, S. 149
25 Steiner, GA 140, S. 210
26 Steiner, GA 140, S. 336f.
27 Steiner, GA 140, S. 316
28 Steiner, GA 140, S. 211f.
29 Steiner, GA 130, S. 185

30 Steiner, GA 168, S. 125
31 von Engelhardt, S. 191
32 von Engelhardt, S. 250
33 vgl. Steiner, GA 109, S. 202
34 von Engelhardt, S. 53
35 von Engelhardt, S. 199
36 von Engelhardt, S. 143f.
37 von Engelhardt, S. 195
38 von Engelhardt, S. 247
39 Steiner, GA 179, S. 57f.
40 Steiner, GA 140, S. 334f.
41 Steiner, GA 140, S. 305f.
42 Steiner, GA 244, S. 496
43 Boogert, S. 170

Kapitel 2 (Wie wir den Toten vorlesen können)

 1 vgl. Steiner, GA 181, S. 119
 2 Steiner, GA 95, S. 151
 3 vgl. Steiner, *»Der Tod – die andere Seite des Lebens«*, S. 20
 4 Steiner, GA 140, S. 238
 5 Steiner, GA 140, S. 334
 6 Steiner, GA 140, S. 114
 7 Steiner, GA 207, S. 159
 8 Steiner, GA 35, S. 196f.
 9 Steiner, GA 244, S. 496
10 Boogert, S. 169
11 Steiner, GA 140, S. 322
12 vgl. Steiner, GA 244, S. 495
13 Steiner, GA 157a, S. 11
14 Hausen, S. 149
15 Steiner, GA 157, S. 95
16 vgl. Hausen, S. 150
17 entnommen aus Hausen, S. 149
18 Steiner, GA 261, S. 19
19 Steiner, GA 140, S. 335
20 Steiner, GA 140, S. 212
21 Steiner, GA 140, S. 305
22 Steiner, GA 140, S. 210
23 Steiner, GA 140, S. 294
24 Steiner, *»Der Tod – die andere Seite des Lebens«*, S. 37
25 vgl. Steiner, *»Der Tod – die andere Seite des Lebens«*, S. 20
    und vgl. Hausen, S. 151
26 Hausen, S. 160f.

27 Boogert, S. 171
28 Steiner, GA 140, S. 337
29 Steiner, GA 141, S. 168f.
30 Steiner, GA 140, S. 149
31 Steiner, GA 140, S. 210f.

Kapitel 3 (Wie wir unseren Verstorbenen weitere geistige ›Nahrung‹ reichen können)

1 Steiner, GA 140, S. 332f.
2 von Engelhardt, S. 58
3 von Engelhardt, S. 21
4 Steiner, GA 140, S. 330
5 Steiner, GA 174a, S. 214f.
6 von Engelhardt, S. 50
7 Steiner, GA 140, S. 292
8 Steiner, GA 175, S. 68
9 Boogert, S.155

Anhang

1   Steiner, GA 261, S. 341
2   Steiner, GA 268, S. 207
3   Steiner, GA 268, S. 209
4   Steiner, GA 268, S. 219
5   Steiner, GA 268, S. 223
6   Steiner, GA 268, S. 233
7   Steiner, GA 268, S. 221
8   Steiner, GA 268, S. 341
9   Steiner, GA 344, S. 53
10 www.christengemeinschaft.at/de/allgemein/gottesdienst/bekenntnis.html (05.11.2024)
11 von Engelhardt, S. 27
12 von Engelhardt, S. 91
13 von Engelhardt, S. 144f.

Diese Publikation enthält Links auf Webseiten Dritter, für deren Inhalte keine Haftung übernommen wird. Auf Veränderungen, die nach den angegebenen Zeitpunkten der Überprüfung liegen, hat der Autor keinerlei Einfluss.

Literaturverzeichnis

I. Werke von Rudolf Steiner

Alle Werke von Rudolf Steiner wurden herausgegeben von der
»Rudolf Steiner-Nachlassverwaltung« und sind im *»Rudolf Steiner Verlag«*, Dornach/Schweiz erschienen. Dort kann auch der
»Katalog des Gesamtwerks« angefordert werden. Die bisher im
Rahmen der Gesamtausgabe des Werkes Rudolf Steiners erschie-
nenen Bücher sind durch die *»Freie Verwaltung des Nachlasses
von Rudolf Steiner«* im Internet unter

http://www.steiner.wiki/Die_Rudolf_Steiner_Gesamtausgabe

frei verfügbar. (Stand 05.11.2024)

Im Folgenden sind nur diejenigen Werke aufgeführt, die der Verfasser für dieses Büchlein herangezogen hat.

GA   35   *Philosophie und Anthroposophie – Gesammelte Aufsätze.
(1904-23) 1994*

GA   95   *Vor dem Tore der Theosophie. (1906) 1990*

GA   97   *Das christliche Mysterium. (1906/07) 1998*

GA 109   *Das Prinzip der spirituellen Ökonomie im Zusammenhang
mit Wiederverkörperungsfragen. (1909) 2000*

GA 130   *Das esoterische Christentum und die geistige Führung der
Menschheit. (1911/12) 1995*

GA 140   *Okkulte Untersuchungen über das Leben zwischen Tod und
neuer Geburt. (1912/13) 2003*

GA 141   *Das Leben zwischen dem Tode und der neuen Geburt im
Verhältnis zu den kosmischen Tatsachen. (1912/13) 1997*

GA 157   *Menschenschicksale und Völkerschicksale. (1914/15) 1981*

GA 157a *Schicksalsbildung und Leben nach dem Tode. (1915) 1981*

GA 159/   *Das Geheimnis des Todes. Wesen und Bedeutung Mittel-
160   europas und die europäischen Volksgeister. (1915) 1980*

GA 168   *Die Verbindung zwischen Lebenden und Toten. (1916) 1995*

GA 174a *Mitteleuropa zwischen Ost und West – Kosmische und
menschliche Geschichte – Sechster Band (1914-1918) 1982*

GA 175   *Bausteine zu einer Erkenntnis des Mysteriums von Golgatha
– Kosmische und menschliche Metamorphose. (1917) 1996*

GA 179   *Geschichtliche Notwendigkeit und Freiheit – Schicksals-
einwirkungen aus der Welt der Toten. (1917) 1977*

GA	181	*Erdensterben und Weltenleben – Anthroposophische Lebensgaben – Bewußtseins-Notwendigkeiten für Gegenwart und Zukunft.* (1918) 1991
GA	183	*Die Wissenschaft vom Werden des Menschen.* (1918) 1990
GA	207	*Anthroposophie als Kosmosophie – Erster Teil: Wesenszüge des Menschen im irdischen und kosmischen Bereich.* (1921) 1990
GA	238	*Esoterische Betrachtungen karmischer Zusammenhänge, Vierter Band.* (1924) 1991
GA	244	*Fragenbeantwortungen und Interviews.* (1924) 2004
GA	261	*Unsere Toten –Ansprachen, Gedenkworte und Meditationen.* (1906-24) 1984
GA	268	*Mantrische Sprüche Seelenübungen II.* (1903-25) 1999
GA	344	*Vorträge und Kurse über christlich-religiöses Wirken III – Vorträge bei der Begründung der Christengemeinschaft.* (1922) 1994
Sonderausgabe		*Der Tod – die andere Seite des Lebens – Wortlaute und Sprüche.* Sonderausgabe 1994

II. Werke anderer Autoren

Boogert, Arie: *Wir und unsere Toten.* Stuttgart: Urachhaus 1993

von Engelhardt, Wilfried und Evamaria und Gutland (Herausgeber): *Brücke über* den Strom – *Sigwarts Mitteilungen aus dem Leben nach dem Tod.* Oratio Verlag (2018)

Hausen, Ursula: *Den Tod als Freund erleben lernen – Begleitung im Sterben und darüber hinaus.* Stuttgart: Freies Geistesleben & Urachhaus 2003

Buchempfehlungen

Die spirituelle Seite des Todes

Reinkarnation und Christentum, Leben nach dem Tod und Sinn des Lebens

© Justen, Josef F. (2024)
BoD-Books on Demand
ISBN: 978-3-7597-4954-3
582 Seiten (17 × 22 cm);
21,99 € (E-Book: 8,99 €)

Eine Brücke zwischen Lebenden und Verstorbenen

Das Erleben und Wirken der Seele nach dem Tod und ihre Beziehung zu den Hinterbliebenen

© Justen, Josef F. (2022)
BoD-Books on Demand
ISBN: 978-3-7568-4376-3
144 Seiten (17 × 22 cm);
9,99 € (E-Book: 5,49 €)

Verschaffen Sie sich selbst einen ersten Eindruck,
indem Sie die sehr ausführlichen Leseproben auf
unserer Autoren-Website studieren.

www.Justen-Buecher.com

Dort finden Sie auch umfassende Informationen
zu allen anderen Büchern von Josef F. Justen

*Es ist ein großer Unterschied,
ob ich lese zu Genuss und Belebung
oder zu Erkenntnis und Belehrung.*

Johann Wolfgang von Goethe

Die Toten starben nicht. Es starb ihr Kleid.
Ihr Leib zerfiel, es lebt ihr Geist und Wille.
Vereinigt sind sie dir zu jeder Zeit
in deiner Seele tiefer Tempelstille.

In dir und ihnen ruht ein einiges Reich,
wo Tod und Leben Wechselworte tauschen.
In ihm kannst du, dem eigenen Denken gleich,
den stillen Stimmen deiner Toten lauschen.

Und reden kannst du, wie du einst getan,
zu deinen Toten lautlos deine Worte.
Unwandelbar ist unsres Geistes Bahn
und ewig offen steht des Todes Pforte.

Schlagt Brücken in euch zu der Toten Land,
die Toten bau'n mit euch am Bau der Erde.
Geht wissend mit den Toten Hand in Hand,
auf dass die ganze Welt vergeistigt werde.

Manfred Kyber

Wenn dieses Büchlein auch nur ein paar Menschen dazu bewegen würde, ihren lieben Verstorbenen auf die von Rudolf Steiner beschriebene und hier skizzierte Art regelmäßig aus geisteswissenschaftlichen Büchern vorzulesen, wäre sein Zweck voll und ganz erfüllt.